동북아 인물전
동북아를 바꾼 만남과 발자취

이 저서는 2017년도 정부(교육부)의 재원으로 한국연구재단의 지원을 받아 수행된 연구임.
(NRF-2017S1A6A3A02079082)

동북아 인물전

동북아를 바꾼 만남과 발자취

원광대학교 한중관계연구원 동북아시아인문사회연구소 기획 | 김주용 외 15인 지음

경인문화사

발 간 사

　　우리가 지금 살아가는 세계에는 동북아시아적 정체성이 존재하지 않는다. 사실 백색에 대한 정체성(white identity) 외에 우리가 갖고 있는 지역적 정체성은 대개 상처와 트라우마의 경험을 통해 형성되기 마련이다. 즉 우리가 아시아적 정체성을 절대적으로 공감하게 되는 계기는 아시아인에 대한 차별을 경험할 때라는 말이다. 팬데믹 기간 아시아인들에 대한 차별과 혐오가 높아지는 사건들을 접하면서, 우리는 새삼 우리가 '아시아인'이라는 사실, 특별히 동북아시아인이라는 사실을 절감한다. 하지만 이런 상처들이 동북아시아적 정체성과 일체감으로 이어지지는 않는다. 특별히 일제강점기를 겪었던 우리가 일본과 더불어 동아시아인으로서의 정체성과 일체감을 갖는다는 것은 매우 비현실적인 바램이자 상상력일 것이다.

　　그런데 왜 오늘 우리는 '동북아시아'를 말하고자 하는가? 그리고 그 동북아시아를 상상하게 만들었던 인물과 사건을 조명하고자 하는가? 그것은 이 시대가 그 어느 때보다도 '동북아시아적 정체성'을 필요로 하고 있기 때문이다. 전 세계 군비 지출의 무려 60%가 대만과 북한 및 러시아를 포함하는 동북아시아 지역에서 이루어지고 있다. 그래서 많은 군사전문가들은 우크라이나-러시아 전쟁 다음 차례는 동북아시아 지역이 될 것이라고 예측하고 있다. 한반도는 현재 전쟁 중이다. 1950년 이래 종전은 이루어지지 않았고, 휴전 상태에서 지금까지 서로 총부리를 겨누어 오고 있으며, 중국과 대만의 관계는 풀릴 기미가 보이지 않는다. 여기에 더해 일본을 상대하는 한국과 중국의 태도는 그리 우호적이지 않다. 제국주의 역사에 대한 진지한 성찰과 반성보다는 본인들의 전쟁 피해에 초점을 맞춘 역사적 성찰이 일본제국의 침략을 받아야 했던 주변 다른 국가들로부터 공감을 얻지 못하고 있기 때문이다. 이런 상태라면, 언제고 전쟁의 도화선이 당겨져도 그리 놀랄 일이 아닐 것이다. 바로 이러한 현실에서 우리는 '동북아시아'라는 개념과 정체성의 시대적 필요성을 그 어느 때보다도 절감한다.

한·중·일 삼국은 그 지리적 인접성으로 인해 경제적으로 크게 상호의존하는 구조를 갖고 있음에도 불구하고, 상호 간에 적대적 감정과 타자화를 통한 차별과 혐오의 인식이 높아지고 있다. 이 현실은 아시아 문명을 위한 시금석일 뿐만 아니라 세계 문명을 위한 시금석이 되기도 하다. 동북아시아 나라와 민족들 간의 관계에 미국을 포함한 유럽 열강들과의 관계가 동시적으로 작동하고 있기 때문이다. 힘의 논리가 지배한다는 국제정치와 질서에서 여전히 서구열강들이 개입하는 무한경쟁과 승자독식의 논리로 관계를 맺어나가는 데에만 급급하다면, 동북아시아 지역은 인류 문명을 위한 희망이 될 수 없을 뿐만 아니라 인류 문명도 공멸(共滅)의 위험 속으로 빠져들게 될 것이다. 하지만 우리가 지금의 적대적이고 차별적인 관계의 시선을 넘어, 새로운 동북아시아를 만들어 나갈 수 있다면, 우리는 범지구적 기후 재난들과 생태위기들이 잇따르는 시대에 새로운 공생의 문명을 구축할 희망을 발견할 수 있을 것이다. 우리가 지금 새롭게 동북아시아를 상상하자고 촉구하는 이유이다.

본서는 역사적 만남과 시선을 통해 '동북아시아'를 새롭게 상상할 수 있는 가능성을 탐문한다. 쑨원과 신규식의 만남, 김교신과 우치무라 간조의 만남, 맥아더와 히로히토의 만남, 한중연대를 구축했던 조선의용대, 동북아시아를 넘나들던 위빈 추기경의 민간외교활동, 디아스포라의 시각을 동서문명을 새롭게 조명했던 전병훈, 유럽 시를 통해 개인으로서의 인간의 의미를 전달한 김억, 동학을 만난 공공사상가 다나카 쇼조, 일본에서 아시아의 미래를 경험한 러시아 제독 푸탸틴, 한국 무당과의 만남을 통해 조선을 경험한 도리이 류조의 이야기는 지금의 분열과 갈등으로 점철된, 그래서 기회주의적으로 상호 간 경제적 이익을 위해서만 협력하는 동북아시아가 아니라, 그 만남을 통해 꿈꿀 수 있었던 미래적 동북아시아, 즉 과거에서 바라보았던 그러나 실현될 수 없었던 과거적 미래의 동북아시아를 보여준다. 그 미완의 꿈들은 역사의 시간을 타고 흘러가 사라진 것이 아니라, 오늘의 우리에게 우리가 꿈꾸어야 할 동북아시아를 위한 소중한 경험과 실험들로 남아, 우리에게 행위주체성을 발휘한다. 량치차오와 진위푸, 루링과 베스키스 그리고 이영춘의 시선에는 그 역사적 간절함이 배어있다.

미래는 무(無)로부터 도래하지 않는다. 그렇다고 미래는 과거와 현재의 총합인 것만도 아니다. 실현되었던 과거와 실현되지 못했던 과거가 현재로 유입

되면서, 우리는 과거가 완수하지 못했던 미래를 우리의 현재 상황 속에서 새롭게 재구성하면서, 다시 미래를 꿈꾼다. 본서에 실린 이야기들을 통해 갈등과 차별과 혐오가 높아지고 있는 동북아시아에서 '함께 살아갈 수 있는'(共生) 그래서 서로의 삶을 '함께-만들어-나갈 수 있는' 심포이에시스(sympoiesis)의 미래가 상상되어지기를 소망한다.

원광대학교 한중관계연구원 동북아시아인문사회연구소
원장 김정현

목차

1부

만남
meeting

1

쑨원과 신규식
민주공화정을 꿈꾸다

김주용 | 원광대 동북아시아인문사회연구소 HK교수

신해혁명과 쑨원

20세기 초 동북아시아는 소용돌이 속에 있었다. 러일전쟁의 승리로 주도권을 쥐게 된 제국주의 일본은 동북아의 새로운 강자로 군림하고 있었고, 동북아의 영원한 '황제'와 같았던 중국은 봉건 절대왕정을 붕괴시키고 새로운 민주 공화정을 세우려는 내부 혁명으로 몸살을 앓고 있었다. 1911년 10월 10일, 우창武昌봉기가 계기가 되어 중국의 전 지역은 신해혁명의 불길로 타오르기 시작했고 그 중심에는 쑨원孫文(손중산)이 있었다.

타이완과 중국에서 쑨원의 위상은 대단하다. 타이완은 쑨원을 기억하고 기념하기 위해 국부國父기념관을 건립하였으며, 중국은 광저우에 있는 국립 광동廣東대학의 교명을 중산中山대학으로 바꾸어 교내에 중산기념관을 세우기도 했다.

쑨원
출처: 독립기념관

지금도 중국의 대도시에는 어김없이 인민로人民路와 중산로中山路가 있다. 그만큼 쑨원은 봉건왕조를 극복하고 신중국新中國의 기틀을 마련한 인물임에 틀림없다. 2011년 10월 10일, 중국 중앙정부가 신해혁명 100주년을 맞아 개최한 공식 행사에서 당시 국가주석이던 후진타오胡錦濤는 "신해혁명辛亥革命은 미완의 혁명이지만 신중국을 건립하는 데 중요한 혁명"이라고 평가했다. 그렇다면 쑨원이라는 인물은 중국인들에게 어떤 존재일까? 중국 대륙과 타이완 모두 쑨원이 근대 국민국가의 '국부國父'이자, 절대 봉건왕조를 붕괴시킨 위대한 인물이라는 데는 이견이 없을 것이다.

쑨원은 1866년 중국 광동성廣東省 샹산현香山縣(오늘날 중산시中山市)에서 태어났다. 쑨원의 고향에는 주강珠江이 흘렀고, 그가 살았던 마을은 목가적이고 아름다운 자연환경을 품고 있었다. 광저우까지는 20km, 마카오까지는 15km, 홍콩과도 약 80km 떨어진 곳이었으며, 그 마을에서 자란 쑨원은 중농 출신의 부모에게 전통적인 교육을 받으며 자랐다. 그런 그의 인생에서 하와이 유학은 큰 전환점이 되는 사건이었다. 1879년 쑨원은 하와이에서 큰 사업을 운영하던 큰형(孫德彰)의 도움으로 서양의 새로운 학문을 접하게 되었다. 그는 영국 성공회 계열의 학교를 졸업한 후, 1883년 오아이후 칼리지에 진학하였다. 하지만 큰형과의 의견 대립으로 더 이상 하와이에 머물지 못하게 되자, 고향으로 돌아와 자신이 직접 보고 느낀 미국식 민주주의를 전파하는 데 심혈을 기울였다.

1866년 스무 살이 된 쑨원은 광동의 미국인 목사가 운영하는 박제 의학교博濟 醫學校(The Medical School of Canton)에 입학하였다. 중국 최초의 남녀공학 학교였던 이 학교에서 그는 의학을 배우면서도 경제서와 역사서를 탐독하였다. 이듬해인 1887년에는 홍콩 의학교로 편입하였으며, 그 당시 동지들과 함께 반청혁명을 구상하면서 천사우보陳少白 등을 만나게 된다. 1892년 7월, 의학 공부를 마친 쑨원은 마카오에 의원을 개원하였다. 의사로서의 쑨원은 명성이 자자했으며, 그의 의원도 성업을 이루었다. 하지만 포르투갈 의사들의 시기와 방해로 의원을 광저우로 이전할 수밖에 없었다. 그 후 광저우에서 의원을 운영하며, 자신의 의원을 중심으로 혁명 세력을 회합하는 활동에 치중했다.

1894년 11월 24일, 한반도에는 동학농민혁명이 일어났고, 청일전쟁이 발발했다. 비로소 혁명의 시기가 도래했다고 판단한 그는 곧바로 하와이로 건너가 혁명을 조직하는 데 착수하였으며, 마침내 '흥중회興中會'라는 비밀결사 조직을 결성하였다. 같은 해 12월에는 하와이에서 군자금을 모으고, 다음 해 1월에는 홍콩에서 '흥중회 총본부 창립총회'를 정식 개최하였다. 1895년 1월 27일, 쑨원은 흥중회를 기반으로 반청 혁명운동의 첫발인 광저우기의廣州起義를 실행에 옮겼다. 하지만 쑨원과 함께했던 혁명 동지들이 체포되면서 그의 계획은 실패하였고 그 대가는 컸다. 그를 잡기 위한 현상금 1,000원이 걸렸고, 쑨원은 해외로 망명할 수밖에 없는 상황이었다. 1895년 11월 12일, 그는 마카오와 홍콩을 거쳐 일본 고베神戶로 몸을 피한다. 그때 쑨원의 이름이 일본 언론에 알려지면서 중국의 젊은 혁명가로서 그의 위상은 더욱 높아져 갔다. 이후에도 쑨원은 미국과 영국에서 반청 선전활동을 지속적으로 펼쳤는데, 그러던 중 영국에서 재영국청국공사관에 구금되기도 했다. 하지만 홍콩의학교 시절의 인연으로 영국인 스승 등이 나서서 위기에 처한 쑨원을 구해 주었고, 이 사실이 당시 널리 회자되기도 했다.

1897년 유럽 망명지에서 일본에 재입국한 쑨원은 반청 혁명운동의 고삐를 더욱 당겼다. 그 결과 1900년 혜주기의惠州起義를 감행했지만, 이 또한 실패로 돌아가자 그는 다시 일본으로 망명하였다. 1903년 7월, 다시 일본에 돌아온 쑨원은 도쿄에서 혁명군사학교를 설립하고 같은 해 9월에 전 세계의 화교를 상대로 군자금을 모으는 순회를 강행하였다. 그는 미국에서 '삼민주의'를 역설하면서 중국혁명의 당위성을 선전했는데, 이때 미국 화교들에게 군자금으로 약속받은 액수가 미화 4천만 달러였다고 한다. 그렇게 군자금을 모아 일본으로 재입국한 쑨원은 1905년 8월 20일 '중국 동맹회'를 창립하였다. 그는 중국 동맹회의 총리로 선임되어 '공화정' 건국을 목표로 삼았다. 그런데 순조롭게만 보였던 혁명 사업도 1907년 일본이 쑨원을 추방하면서 위기를 맞았다. 그 당시 청나라를 타도하고 민주 공화정을 세우고자 했던 쑨원의 활동상은 영화로 제작되기도 했다. 중국에서는 〈十月圍城〉, 즉 "10월 10일 혁명의 기운이 전 중국으로 둘러싸고 있다"라는 제목으로 상영되었으며, 한국에서는 2009년경 〈8인 : 최후의 결사단〉이라는 제목으로 개봉하였다.

쑨원은 신해혁명이 일어나기까지 중국을 비롯한 동남아 일대에서도 거의 활동할 수 없었다. 그렇지만 1911년 10월, 우창武昌 기의를 성공시키면서 새로운 시대의 지도자로 위상을 떨쳤다. 신해혁명의 소식을 미국에서 접했던 그는 영국, 프랑스를 비롯한 서구와의 본격적인 외교 정책을 펼치기 시작했다. 왕조를 타도하고 새로운 공화정의 나라를 건설하려 했던 쑨원의 꿈이 실현되기 시작한 것이다. 쑨원은 유럽 외교를 마치고 1911년 12월 25일 중국 상하이에 도착하였다. 같은 해 12월 29일, 그는 중화민국임시정부의 첫 번째 임시 대총통에 취임하게 된다. 하지만 그것도 잠시, 정세의 주도권이 위안스카이에게 넘어가자 쑨원은 일본으로 다시 망명하였다. 위안스카이가 사망했던 1916년 일본에 귀국한 쑨원은 군벌들과 연합하여 광둥을 중심으로 혁명 정권을 조직하였다. 하지만 군벌들의 발호와 대립으로 공화정을 유지하는 것 조차도 쉽지 않은 상태였다.

쑨원과 신규식의 첫 만남

예관 신규식은 1880년 2월 22일 충북 문의군文義郡 동면東面 계산리桂山里에서 아버지 신용우申龍雨와 어머니 전주 최 씨의 둘째 아들로 태어났다. 본관은 고령高靈이며, 호는 예관睨觀이다. 향리에서 전통적인 한학 교육을 받았던 신규식은 1896년에 상경해 1898년 관립한어학교漢語學校에 입학했다. 그가 중국으로 망명한 후 쑨원이나 천치메이 등과 자연스럽게 교유할 수 있었던 것도 한어학교에서 배운 중국어 실력이 한몫했다.

신규식은 독립협회獨立協會에 적극적으로 참여하게 되면서 관립한어학교를

신규식
출처: 독립기념관

정식으로 졸업하지 못했다. 관립한어학교를 그만둔 그는 1900년 9월 대한제국 육군무관학교陸軍武官學校에 1기생으로 입학했다. 대한제국 육군무관학교는 새로운 군대를 지휘하고 그에 맞는 훈련을 교육할 수 있는 초급 장교를 양성한다는 취지로 1896년 1월에 개교하였다. 하지만 아관파천 등 국내외 정세가 불안해지면서 육군무관학교의 운영 역시 순탄할 수 없었다. 1898년 4월, 육군무관학교 실시에 관한 공식 건의서가 올라왔고, 그해 5월에 칙령 제11호로 육군무관학교 관제가 개정·공포되면서 육군무관학교는 비로소 7월에야 다시 개교하였다. 제1회 입학생으로 200명 정원에 1,700여 명이 응시하였으니, 처음 실시하는 근대 군사교육기관의 위상을 가늠할 수 있었다.

신규식은 무관학교에서 전술학·군제학·병기학 등과 같은 군사학과 외국어를 비롯해 다양한 신학문을 접하고, 1902년 7월에 육군보병 참위參尉로 임관하였다. 문무를 겸비하고 근대 문물과 사상을 습득한 신규식은 육군무관학교를 졸업한 후, 육군 참위로 진위대鎭衛隊와 시위대侍衛隊 등에서 수습 과정을 거쳐 1905년 시위대 제3대대에 배속되었다. 같은 해 일제에 의해 을사늑약이 강제로 맺어지는 것을 보고, 그는 음독 자결을 시도하기도 했다. 다행히 집안사람들이 그를 발견하여 생명을 건졌지만, 그 사건으로 오른쪽 눈의 시신경이 마비되고 말았다. 그래서 그의 호가 "흘겨보다"라는 뜻의 예관倪觀이 되었던 것이다. 그 후 1910년 일제에 나라를 빼앗겼을 때에도 그는 재차 음독 자결을 시도했으나, 대종교大倧敎 종사였던 나철羅喆에 의해 목숨을 건졌다. 극적으로 신규식을 살린 나철은 그에게 보다 넓은 세상에서 한국의 독립을 위해 뛰어 줄 것을 당부하면서 독립운동 자금을 맡겼다. 신규식은 그 자금을 지니고 국외 독립운동기지 건설을 위해 중국으로 망명했다. 압록강鴨綠江을 건너 안둥현安東縣을 지나 사허진沙河鎭, 라오양遼陽, 선양瀋陽, 산하이관山海關을 거쳐 베이징北京에 도착했다.

그는 베이징에서 활동하던 독립운동가 조성환曹成煥을 만나 당시 중국 정세에 대한 정보를 들었다. 이후 다시 베이징에서 출발하여 텐진天津, 산둥성山東省, 칭다오靑島 등을 거쳐 1911년 봄, 상하이에 안착했다. 신규식은 상하이에서 독립운동을 추진하려면 가장 먼저 기반을 구축해야 한다고 생각했다. 이에 혁명운동을 전개하던 중국 지사들과 적극적인 유대를 쌓고, 강력한 협력 체제를 구축하고자 하였다. 신규식은 이름을 '신정申檉'으로 고치고 쑨원孫文의 '중국혁명동맹회中國革命同盟會'에 가입했다. 그 후 천지메이陳其美를 따라 1911년 10월에는 우창혁명에 참가했다. 이 과정에서 천지메이의 주선으로 상하이 프랑스 조계지 내에 있던 '어양리漁陽里 5호'에 집을 마련하여 그곳에서 신중국의 혁명 지사들과 함께 활동하였다. 신규식은 쑨원이 대총통에 취임했을 때 "쑨원 총통을 축하하여"라는 축시를 지어 공화정을 기념하기도 했다. 그리고 조성환과 함께 난징으로 건너간 신규식은 쑨원을 찾아가 한국독립운동의 원조를 요청하기도 했다.

천치메이와 쑹지아런宋敎仁이 위안스카이袁世凱에 의해 암살당한 후, 그들의 장례식장에 의연하게 참석하여 애도의 예를 갖춘 이도 신규식이었다. 그는 1912년 박은식과 함께 '동제사'를 조직하였다. "동제同濟(同舟共濟)란 모두 한마음, 한뜻으로 같은 배를 타고 피안에 도달하자"라는 동제사의 표어만 보면 친목을 표방하는 듯하지만, 실제로는 국권을 회복하는 데 목적이 있었다. 동제사를 조직한 그다음 해에 신규식은 상해에 거주하는 한인 청년들의 교육을 위해서 박달학원을 설립했다.

신규식과 중국의 신문화운동

신규식이 참여했던 신해혁명은 봉건왕조를 무너뜨리고 민주 공화정을 수립했다. 이때 신규식의 경험이 1919년 4월 국호 '대한민국'의 탄생으로 이어진 것은 아닌가 추측해 본다. 당시 일본은 중국 신해혁명과 민주 공화정의 출현에 대해 무척 놀라던 분위기였다. 중국에서 공화제의 출현은 일본의 군부와 정계 및 언론사상계에 큰 충격을 주었다. 특히 일본인들이 스스로 근대문명의 상징으로 자부하던, '비문명' 이웃 국가들에게 근대화의 이름으로 이식하고자 했던 '입헌군주제'가 갑자기 시세에 뒤떨어지는 문물로 인식될 위험에 빠진 것이다. 곤란한 상황에 처한 일본의 군부와 정부는 대륙에서 복수 정권의 발전과 북부 중국에 의해 군주제가 존속될 것을 희망하면서, 북경에서 나타나는 정권을 보이지 않게 지원하는 정책을 전개하였다. 동시에 다른 한편으로는 중국 남부 혁명 세력에 동조하면서도, 일본에서는 천황제 절대주의를 견고하게 유지하고자 하는 세력이 출현하였다.

　그 당시 난창루南昌路에는 오래된 건물들이 즐비했다. 그 가운데 상하이 중법학원中法學院 건물은 지금도 눈에 띈다. 이 건물은 1920년대에 건축된 것으로 100년의 역사를 자랑하고 있다. 건물 안에는 1921년 아인슈타인이 상하이에 방문했을 때 촬영한 기념사진이 걸려 있다. 아인슈타인이 상하이에 머무를 때 "당신은 광전법칙과 이론물리학 분야에서의 업적으로 노벨 물리학상을 받게 되었다"라는 국제전보를 받은 숙소는 아직까지도 쑤저우교蘇州橋 건너편에 건재한다.

　신규식이 거주했다는 난창루 100롱弄 5호 쪽으로 방향을 돌리면, 현지 노인들을 통해 그 이야기를 들을 수 있다. 그들에게 그곳은 한국 열사의 집으로 기억되곤 한다. 신규식이 어양리 5호에서 거주하던 시기, 맞은편 건물에는 1921년 중국 공산당 창당의 주역이자 중앙서기에 선출되었던 천두슈陳獨秀가 살고 있었다. 1915년 천두슈는 신문화운동을 위한 《신청년(新靑年)》의 편집장으로 어양리에서 잡지를 발간했다. 그리고 현재까지도 어양리에는 《신청년》을 발간했던 장소가 보존되어 있다. 이 잡지는 본래 《청년잡지》라는 이름으로 1915년 9월 창간됐다가, 1916년부터 《신청년》으로 이름을 바꾸면서 중국 사회의 근본적 개혁을 호소했다.

　사실 중국은 신해혁명 이후 새로운 세상을 알리는 데 열정적이었다. 1912년 4월 14일, 2,200여 명의 승객을 태운 타이타닉호가 북대서양의 바다 한군데서 빙하와 충돌한 뒤 침몰했다. 세계적으로도 유명한 이 해양 대참사는 상하이에서 발행하는 신보를 통해 4월 17일 처음 알려졌고, 이달 19일에는 선원들이 부녀자를 구하기 위해 희생되었다는 미담이 소개되기도 했다. 그리고 1914년 7월 28일에는 오스트리아가 세르비아에 선전 포고를 하면서 938만 명이 죽고 2,314만 명이 부상당하는 참극의 서막이 열렸다. 바로 제1차 세계대전이 일어난 것이다. 7월 말부터 긴박한 상황을 보도하던 《대공보》는 8월 2일, 유럽 전역에서 전쟁이 시작되었음을 알렸다. 1915년에는 베이징 시장이 베이징을 오스만의 파리로 바꾸려는 야심으로 베이징 앞 황제의 길을 첸먼대로로 개축했다. 그로부터 2년 후인 1917년에는 상하이와 베이징에서 자본주의 소비문화의 상징인 대형 백화점 '대세계'와 '신세계'가 개점하였다.

세계는 급속하게 변하고 있었다. 신문화운동가들이 여행하는 해외나 상하이 조계지는 밤과 낮이 바뀌었으며, 풍요로운 물질문명의 낙원으로 묘사되었다. 하지만 그들 자신이 태어나고 생활하는 대부분의 중국 땅은 아직 어둡고 더러운 빈곤의 땅이었다. 1915년 9월 15일, 상하이에서 발간된 《청년잡지》는 창간호의 표지에 서구의 현대 모델을 내세워 새로운 가치를 재건하고자 했던 중국의 현실을 상징적으로 보여주었다. 표지에는 미국의 유명한 철강왕 카네기의 사진이 실려 있었다.

카네기가 1859년에 8,000파운드의 자본금으로 시작한 펜실베니아의 석유 사업은 20여 년 만에 200만 파운드의 가치를 갖게 되었다. 그가 운영하는 철강 사업은 1888년에 5km의 공장 지역이 시커먼 연기로 뒤덮이면서 연간 14만 톤의 생산고와 운송 열차 100여 대, 노동자 2만 7,000여 명을 자랑하는 산업으로 발전했고, 1901년에는 모건과 연합하여 자본금 2억 파운드의 철강 트러스트를 조직하게 되었다. 모던의 상징이었던 강철을 앞세우던 근대의 물질문명은 상상을 초월할 정도로 거대하고 신속하게 발전하는 중이었고, 그것을 수행한 카네기와 같은 사람은 영웅으로 등장하였다.

잡지 《신청년》의 표지에 카네기가 실리게 된 데는 천두슈의 독특한 이력도 한몫했을 것이다. 천두슈는 항저우에서 조선공학을 배우고 그의 작은아버지를 통해 대두 수출 사업도 맛보았다. 그는 광산업과 철도 같은 근대 산업 발전에 눈을 뜰 수 있었고, 그에 발맞춰 인간을 노동의 주체로 만드는 다방면의 인간 개조에도 관심을 보였다. 특히 천두슈의 계몽은 단순한 정치적 구망에서 유래된 것이 아닌, 인류 문명 전반을 변화시키고자 하는 것이었다. 그것은 근대문명이 중국인의 삶에 미치는 영향을 인식하면서도, 계몽을 통해 새로운 인간상을 제시하고자 하는 일종의 프로젝트였다. 이 변혁은 개인, 사회, 국가, 지역, 세계, 인류의 모든 차원에서 진행되어야 했다.

100롱 5호의 집주인은 이 지역이 중국 혁명의 골목이라고 설명한다. 특히 이 골목은 천두슈가 설립한 잡지사 '신청년사'가 있었고, 쑨원의 수행 비서가 거주했다는 이유로 재개발 지역에 속하는데도 아직까지 보존되고 있다고 증언했다.

'대한민국'이라는 국호와 신규식, 그리고 쑨원

1919년 4월 10일 밤. 독립운동가 이동녕, 손정도, 조소앙, 여운형, 현순 등 29명은 상하이에 모여 공식 모임을 진행했다. 이들은 가장 먼저 임시의정원을 설립하였으며, 곧바로 국호를 정했다. 독립운동가 신석우가 "국호를 대한민국으로 칭하자"라고 동의했고, 이영근이 제청하면서 국호가 '대한민국'으로 결정되었다. 그렇다면 왜 국호를 '대한민국'으로 정했을까? 정확하게 알려진 이유는 없다. 다만 1917년 임시정부 수립을 주창한 대동단결 선언에서 그 단초를 찾을 수 있을 것이다. '군주'가 포기한 주권을 '민民'이 계승해야 한다는 취지였다. 이 대동단결 선언의 주역이 바로 신규식이다.

코로나 이전 중국 광저우를 갈 때마다 신규식과 쑨원이 만났던 장소를 답사하곤 했다. 지금으로부터 10년 전 여름이었는데, 필자를 비롯한 답사단 일행은 1921년 10월 신규식이 쑨원을 만났던 쑨원의 관저를 찾았다. 월수공원 중턱에 자리잡고 있던 쑨원의 관저는 사라지고, 그 자리에는 독서기념비만 덩그러니 서 있었다. 대한민국임시정부 특사였던 신규식은 수행 비서이자 사위인 민필호를 대동하고 광저우에 와서 1921년 10월 3일 관음산 비상대총통 관저에서 쑨원을 회견했다. 이때 신규식이 요청한 것은 크게 두 가지였다. 첫째는 상하이 대한민국임시정부 승인이며, 둘째는 한국독립운동에 대한 지원 요청이었다. 회담에서 쑨원은 광동호법정부와 대한민국임시정부가 상호 합법주권정부임을 인정하고 외교 관계를 승인했다.

신규식과 쑨원의 회담 장소는 월수산越秀山에 있는 대총통 관저 관음루观音楼였다. 당시 총통의 관저로 사용되던 관음루는 1922년 6월 광동성장 겸 육군총사령관이던 천헝밍陈炯明이 쑨원 정책에 반기를 들면서 총통부를 초토화하고 관저를 불사르는 사건으로 소실되었다. 현재 관저 자리에는 '손선생독서치사처孫先生讀書治事處'라는 기념비만 자리하고 있다.

손선생독서치사처(孫先生讀書治事處) 기념비
출처: 독립기념관

두 혁명가의 회담 장소인 월수공원의 7월은 아주 습하다. 햇빛만 있으면 노천 사우나와 다름없다. 월수공원은 광저우의 대표적인 시민 휴식처이다. 이곳은 2,000여 년 전 월나라 임금이 묻힌 곳이기도 하다. 제2대 왕의 묘소는 아파트 공사를 하다가 발견되었다고 한다. 제1대 왕의 묘가 어디 있는지는 정확히 알려지지 않았다. 호사가들은 현재 월수 공원 중산기념탑 밑에 있다고 추정하면서, 대개 손중산이 월나라 초대 임금을 보호하고 있다는 우스갯소리까지 한다. 어디까지가 진실인지는 모르지만 광저우의 전설이 그곳에서는 여전히 유효한 것 같다.

쑨원은 신규식에게 한국독립운동의 적극적인 지원을 아끼지 않을 것을 약속하였다. 그중 하나가 한국의 젊은 청년들이 중국의 교육기관에서 배울 수 있도록 하는 것이었다. 오늘날 중산대학으로 개명한 국립광동대학과 중국국민당 육군군관학교(일명 황포군관학교)에서 한국의 젊은이들이 교육을 받을 수 있었던 것도 쑨원과 신규식이 맺은 약속의 힘이었다. 영화 〈암살〉과 〈밀정〉에 나오는 의열단장 김원봉 역시 황포군관학교의 4기생으로 졸업하였다.

쑨원과 신규식은 자국의 새로운 역사, 민주 공화정을 완성하는 데 헌신했던 위대한 혁명가이자 정치가였다. 그들이 꿈꾼 공화정은 이미 100여 년 전의 이야기지만, 동북아 지역의 갈등과 혐오는 아직도 현재진행형이다. 역사의 선각자들은 자신에게 죽음이 언제, 어느 때 오는지 알 수 있다고 한다. 자신을 희생하면서 보다 정의롭게 살기 좋은 세상을 꿈꾸는 제2의 쑨원, 제2의 신규식이 동북아시아에 넘쳐나기를 기대하는 것이 과욕이자 사치는 아닐 것이다. 인간의 역사는 언제나 그렇듯 아픔의 나날이지만, 그 아픔 속에서도 새로운 희망을 품고 있기 때문이다.

2

김교신과 우치무라 간조
두 개의 J를 두 개의 C로 바꿔쓰기

박일준 | 원광대 동북아시아인문사회연구소 HK연구교수

미중 관계가 갈등의 긴장을 이어가고 있고, 중국은 중국대로 내부정치의 결집을 위해 대만과의 긴장 관계를 높여가고 있고, 일본은 역사적 반성은커녕 일본 제국주의 시절의 민족담론을 다시 소환하여 국가 간 갈등과 경쟁으로 내부를 단결시키려는 논리를 반복하면서 주변 국가에 위협적인 국가가 되어가는 이때, 김교신(1901~945)과 우치무라 간조(1861~1930)의 만남을 돌아보는 것은 공멸의 논리를 넘어 공생공산의 대안을 모색하기에 적절한 모델이 될 것이다. 당대의 시대정신이었던 제국주의에 맞서, 개인의 양심과 억압받고 있는 자들과의 연대를 통해 대안적 세계를 함께 꿈꾸었던 이들의 만남은 한중일의 갈등이 더욱 심화되고, 세계의 정치경제적 갈등을 바탕으로 다시금 적자생존과 약육강식의 논리가 머리를 들고 있는 이 시대에 우리로 하여금 어디로 나아가야 할지를 돌아보게 한다.

부정의를 보고도 아무것도 하지 않는 것은 죄다!

엄격한 유교 가정에서 자라난 김교신은 일본 제국주의에 무기력한 유교적 논리를 극복할 대안을 찾고 있었다. 3.1운동 후, 일본 도쿄로 유학을 떠난 김교신은 어느 날 도쿄의 야라이정 거리를 걷다가 일본 동양선교회 성서학원 학생이었던 마쓰다의 노방 설교를 듣게 된다. 마쓰다의 설교를 듣던 그는 문득 "예수의 가르침이 공자보다 낫다"라는 생각을 한다. 공자는 "부정의를 보고도 아무 행동을 하지 않는 것은 용기가 없는 증거"라고 말했던 반면, 마쓰다가 전하는 예수의 가르침은 "부정의를 보고도 아무것도 하지 않는 것은 죄"라고 선포했기 때문이다. 단지 '용기가 없다'라는 도덕적 질책보다, 부정의를 보고도 아무것도 하지 않는 것에 대해 '죄'라고 심판하는 예수의 가르침이 그에게는 훨씬 더 강력하고 근본적이며 실천적인 대안으로 여겨졌다. 유교의 가르침은 인간의 본성적 선함을 긍정하면서 인간적 낙관주의로 나아가지만, 그럼에도 '부정의'에 맞서 행동하지 못하는 것에 대해 그저 '용기가 없다'라는 도덕적 질책 그 이상도 그 이하도 아니었기 때문이다. 반면 기독교의 가르침은 부정의 앞에서 침묵하고 행동하지 않는 것을 '죄'라고 선포하면서, '죄'에 합당한 행동을 강력히 촉구하고 있었다.

김교신이 일본 유학을 하던 시절은 3.1운동 이후 일제의 탄압이 더욱더 교묘해지는 시기였다. 이러한 시대적 상황에서 그는 일본 유학생으로서 자신의 처신에 대해 내심 갈등하고 있었을 것이다. 그는 지식인으로서 부정의한 현실 앞에서 어떻게 행동해야 하는지에 대한 고민을 늘 마음에 담고 있었다. 마쓰다의 노방 설교를 통해 김교신은 시대의 부정의 앞에서 분연히 일어날 수 있는 실천적 힘을 기독교에서 보았는데, 이는 자신이 엄격하게 배워왔던 유교에서 찾아볼 수 없는 힘이었다. 그렇게 김교신은 이 기독교 정신을 전파하여 도탄에 빠진 민족을 다시 일으켜 세울 사명을 느끼게 된 것이다.

김교신
출처: [http://news.kmib.co.kr/article/view.asp?arcid=0922859464]

하지만 막상 신자로서 경험한 기독교는 김교신이 생각하던 기독교가 아니었다. 김교신이 출석하던 교회에 신자들 간의 분란이 발생했고, 그 사건들이 진행되는 과정에서 큰 실망을 느낀 그는 더이상 교회에 나가지 않게 된다. 그 후로 그는 홀로 예배를 드리며 기독교적 신앙을 지켜 나갔다. 당시 김교신의 눈에 비친 한국교회는 신앙적 배타주의로 진리를 도착시키는 공동체의 모습이었다. 물론 어느 공동체나 갈등과 분열이 있기 마련이다. 그러나 교회 내에서 서로 생각을 달리하는 교인들 사이에 갈등과 분쟁이 일어날 때마다 그들은 신앙의 이름으로 서로를 악마화하며 적대시했다. 이 모습은 김교신이 보기에 결코 기독교적인 모습이 아니었다. 자신만이 진리라고 생각하며, 상대방을 악마화하는 배타주의적 신앙은 부정의 앞에서 침묵하지 않고 일어서는 기독교 진리의 힘을 도착倒錯시켜 버리는 부도덕 외에 다름 아니었다.

게다가 당시의 한국교회는 민족 교회든 보수 교회든 진보 교회든 간에 공통적으로 서구 기독교의 틀과 내용을 무비판적으로 받아들이면서, 서구 기독교의 눈으로 한국 민족과 문화를 정죄하려는 태도와 성향을 갖고 있었다. 정작 부정의로 고통받고 학대받는 민족은 한민족인데, 이들의 생각을 다시 서구 기독교의 눈으로 '죄'라고 규정하는 행태를 김교신은 용납할 수 없었을 것이다. 바로 이런 이유로 김교신은 두 번 다시 제도 교회를 기독교의 복음으로 받아들일 수 없었다. 그는 유교가 부정의 앞에서 침묵하는 태도를 '용기 없다'고 소극적으로 판단하는 것에서 윤리적 딜레마를 느꼈고, 그 후 기독교로 개종했지만 제도 교회가 지닌 서구의존적 태도와 배타주의적 신앙 태도로 인해 다시금 대안적 신앙을 찾게 된 것이다.

교회를 넘어선 교회: 김교신과 우치무라 간조의 만남

김교신은 홀로 예배를 드리던 어느 날, 우치무라 간조內村鑑三의 로마서 강해반을 알게 된다. 이후 1921년부터 귀국하던 1927년까지 그는 오로지 로마서 강해반에만 출석했다. 1921년 1월 16일, 김교신은 우치무라 간조가 진행하는 로마서 성경공부반에 처음 참석하게 된다. 거기서 김교신은 기독교가 결코 서구의 기독교가 아니며, 그러므로 복음의 보편성 또한 민족적 현실과 더불어 해석되어야 한다는 가르침을 얻는다. 우치무라 간조는 기독교적 진리의 보편성을 서구적 보편성과 동일시하는 대신 일본 민족과의 변증법적 관계 속에서 정초했다. 우치무라는 일본 제국주의에 저항하고 천황제를 우상 숭배로 규정하면서,

다른 한편으로는 기독교의 복음이 서양의 교회로부터 오는 것이 아니라 성령의 보편성으로부터 도래하는 것이라 해석했다. 그리고 이를 통해 서구 교회에 예속되지 않는 기독교를 꿈꾸며 '무교회주의'를 전개해 나갔다. 김교신은 우치무라의 로마서 강해반에 6년간 출석하면서 거대 권력 앞에 맞선 개인의 양심과 신앙을 보았다. 그리고 기존의 관행과 제도에 얽매이지 않고 오히려 기독교 본연의 정신을 추구하던 우치무라의 모습을 통해 기독교적 진리의 본모습을 경험할 수 있었다. 이러한 영향을 받아 한국에 돌아간 김교신은 자신만의 한국적 무교회주의를 주창하게 된다.

우치무라 간조의 강해반은 철저히 개인주의에 입각한 모임이었다. 여기서 '개인주의'는 이기주의가 아니다. 오히려 각 개인이 하나님 앞에서 동등한 존재로 대우받는 것을 말하며, 종교개혁이 선포한 '오직 성령으로만sola gratia' 정신의 핵심이다. 흔히 '만인사제설'로 알려진 종교개혁 3대 강령 중 하나인 이 '오직 은혜로만' 정신은 하나님의 은혜가 선포되고 나누어지는 데 사제의 은혜가 꼭 필요한 것은 아님을 말한다. 사제에게 죄를 고백하는 고해성사를 하고 죄 사함을 선포 받아야만 구원이 이루어진다는 천주교 교리를 그 토대에서부터 뒤흔든 선언인 셈이다. 사제든 평신도든 모든 사람은 하나님 앞에서 동등한 죄인이다. 이것이 종교개혁이 선포한 '개인주의individualism'이다. 이 정신에 따라, 우치무라의 로마서 강해반은 위계적 서열이나 질서 없이, 그저 일곱 명의 "형제들"이 돌아가면서 인도하며, 각자가 공부하고 성찰한 내용을 기탄없이 나누고 공유하는 모임이었다. 모임은 일주일에 세 번씩 열렸고, 이외 별도의 예배란 없었으므로 예배를 위한 성가도 없었다. 오직 그저 둥그렇게 모여 앉아 각자의 생각을 나누고, 누가 주도하거나 가르침을 베풀지 않으며, 각자 다양한 생각들을 공유하며, 이 함께-나눔을 통해 복음의 진리를 체험하는 모임이었다. 이렇게 각자 연구한 내용을 나누면서, 이를 매달 《성서연구》라는 잡지에 실어 배포하는 우치무라의 성서 연구 모임은 김교신에게 제도권 교회의 대안으로서 더할 나위 없는 모델이었다.

더 나아가 우치무라와의 만남은 김교신에게 기독교와 서구 교회를 구별할 수 있는 단초를 제공했다. 서구 교회가 기독교라고 해서, 한국의 기독교가 반드시 서구적일 필요는 없다. 왜냐하면 서구 교회는 서구 문화와 얽혀 있어서, 그 안에 비기독교적 내용과 요인들도 담지하고 있기 때문이다. 김교신이 우치무라를 만나던 당시, 제도 교회에서는 제국주의적이거나 승리주의적인 서구 선교사들의 태도가 문제가 되었다. 또한 많은 선교사들은 일제의 부당한 문화통치 권력하에서 '선교'라는 사명을 수행한다는 이유로 일본제국의 부정의하고 부당한 신사참배를 보고도 침묵했다. 이러한 문제들 속에서 우치무라의 무교회주의라는 대안은 김교신에게 한 줄기 빛이 되었던 셈이다.

우치무라 간조의 로마서 강해는 특별히 두 개의 J, 즉 예수Jesus와 일본Japan의 변증법적 관계를 강조하면서 일본적 기독교를 주창하였다. 예수는 당대 로마제국이 당연하게 간주하고 있던 신분제 질서를 전복하면서 모든 이의 동등성을 선포했다. 그리고 바울의 로마서는 이를 선명하게 담고 있었다. 특별히 바울은 "너희는 유대인이나 헬라인이나 종이나 자유인이나 남자나 여자나 다 그리스도 예수 안에서 하나이니라"(갈 3:28)고 선포하고 있다. 이는 당시 로마제국의 질서에 맞서 하나님이 주신 개인의 양심에 따라 모든 이의 평등을 선포하는 매우 급진적인 생각이었고, 따라서 매우 정치적인 메시지를 담고 있었다. 로마를 포함한 고대의 제국들은 황제를 정점으로 최하층의 노예까지 신분적 서열 질서를 제국적 질서의 근간으로 삼고 있었다. 그렇기 때문에 위계적 신분제는 당대 도덕적·윤리적 판단의 기초였다. 모두가 당연시하는 질서에 맞서 신분, 성, 계급의 차이에 상관없이 모든 이의 평등을 선포한 예수의 복음과 그를 전하는 바울의 로마서는 우치무라로 하여금 일본인들이 당연시하는 천황제에 맞서, 이를 우상으로 선포하고 신앙적 양심을 지키도록 만들었다.

　더 나아가 우치무라는 이 기독교적 복음을 통해 일본과 일본 민족을 새롭게 해석하고 있었다. 우치무라의 일본Japan은 그가 살던 시대 속 제국으로서의 일본이 아니었다. 제도 교회가 그랬듯, 제국으로서의 일본은 오히려 일본을 타락시키고 있었다. 일본이 일본답기 위해서는 '일본'이라는 우상, 즉 천황제를 극복해야만 했다. 우치무라는 이를 실천할 수 있는 용기를 지닌 지성인이었다. 1891년 1월, 도쿄 제일고등중학교 강당에서는 60명의 교사와 1,000여 명의 학생이 모여 메이지 천황의 사진 앞에서 천황의 교육칙어를 낭독한 뒤 한 사람씩 허리 숙여 절을 하는 행사가 진행되고 있었다. 당시 30세의 꽃미남 교수였던 우치무라는 "나 외에 다른 신을 섬기지 말라"는 기독교적 신앙을 근거로 허리 숙여 절하기를 거절했다. 러일전쟁 승전 이후 승승장구하며 동아시아의 지배자로 떠오르던 당대 일본제국의 성공과 그로 인해 앙등하는 민족주의 정서 앞에서 우치무라는 한 개인으로서 신앙의 양심을 걸고 천황제를 거부한 것이다. 하지만 이로 인해 그는 불경하고 불순한 분자로 낙인찍혀, 국민의 반역자가 될 수밖에 없었고, 결국 다른 학교로 옮겨야 했다. 그렇게 우치무라는 자신의 양심을

걸고 일본제국과 민족이라는 거대한 권력과 세력 앞에 외로운 개인으로서 홀로
맞섰다.

　적자생존과 약육강식의 국제정치 현실에서 일본은 생존을 위해 힘을 키우
고, 다른 나라들을 제압하고 정복해 나아가야 한다는 생각에 경도되었다. 우치
무라에게 기독교 신앙은 이러한 사회진화론적 사상과 시대정신에 저항할 수 있
는, 혹은 저항해야만 함을 알려 주는 지렛대였다. 그는 기독교의 유일신 신앙에
담긴 반제국주의적 메시지를 지렛대 삼아, 일본이 제국으로 성장해야만 살아남
을 수 있다는 당대의 이데올로기에 분연히 맞서 저항할 수 있었다. 그렇지만 러
일전쟁의 승전으로 한껏 들떠 있던 시대적 분위기 속에서 ‘동양 평화를 위한 일
본제국의 전쟁’이 하나님의 불벼락 심판을 받을 것이라는 그의 경고는 당연히
많은 일본인들의 호응을 얻지 못했다. 그러나 그의 경고는 거대한 국가 권력의
부정의 앞에서 ‘아무런 행동을 하지 않는 것은 죄’라고 선포한 마쓰다의 선포를
실현하는 행위였고, 이런 우치무라의 삶이 김교신에게는 매우 설득력 있게 다
가왔다. 그뿐만 아니라 민족의 배신자로 낙인찍히면서까지 자신의 양심을 지키
며 천황제를 우상으로 선포하고, 제국주의 전쟁이 부정의한 전쟁이므로 하나님
의 불벼락을 받을 것이라고 규정하는 우치무라의 신학적 실천은 제도 교회의
타락에 실망했던 김교신에게 나아갈 길을 분명히 보여 주는 운동이 되었다.

　그 와중에 우치무라는 일본의 조선 침략을 일본의 실패로 규정하고, 영토
확장으로 영혼을 빼앗긴 조선 민족을 특별히 염려하며, 김교신, 함석헌, 송두용
등을 제자로 삼아 함께 무교회주의 정신을 공유하고자 하였다. 우치무라의 무
교회주의는 유학 시절 신학교육을 받으면서 느꼈던 실망을 스스로 극복하기 위

한 치유에서 시작되었다. 그는 유학 시절에 배웠던 신학을 통해 수입된 서양식 기독교가 결코 일본인을 위한 기독교가 될 수 없다고 판단했다. 독일을 구원한 기독교가 루터에게서 나오고, 영국을 구원한 기독교가 존 웨슬리에게서 나왔듯이, 일본을 구원할 기독교는 일본인으로부터 나와야 한다고 생각했다. 서양의 문화전통과 전혀 다른 일본의 문화토양에 서구 기독교는 그대로 이식될 수 없다고 판단한 것이다. 이런 우치무라의 토착화 신학적 사유는 김교신에게까지 이어져, 조선을 구원할 기독교는 결국 조선인들의 주체적인 신앙으로부터 나와야 한다는 생각으로 공감되었다. 우치무라의 무교회주의는 기독교를 서구적 문화의 족쇄로부터 독립시키기 위한 하나의 방법론이었던 셈이다. 그래서 일본인에게 기독교는 '일본 기독교'여야 하고, 일본 기독교란 '일본인 특유의 관점에서 해석된 기독교의 진리'를 의미한다. 그리고 이 일본 기독교는 결코 일본 제국주의와 천황제에 동의할 수 없는 기독교이다. 만일 기독교가 서양문화를 통해서만 전파될 수 있다면, 그 기독교는 서구 기독교이지, 결코 보편적 진리에 기초한 기독교일 수 없었다. 이는 같은 동전의 다른 면처럼 우치무라의 기독교가 결코 조선을 위한 기독교가 될 수 없었던 이유이기도 하다. 김교신은 우치무라로부터 무교회주의를 비롯한 여러 운동의 방법들을 배웠지만, 그럼에도 우치무라의 무교회주의를 조선에 그대로 가져와 이식하고 반복할 수는 없었다. 따라서 우치무라와 김교신의 만남은 서양 선교사들이 아시아인에게 강요하던 서구식 기독교에 대한 비판 의식을 공유하면서도, 무교회주의라는 방법론 안에서 서로 다른 기독교를 구성하는 창조적 차이의 만남이었다.

같은 무늬, 다른 내용의 기독교

　김교신의 무교회주의 운동은 우치무라의 무교회주의 운동을 그대로 반복하지 않는다. 우선 김교신은 우치무라가 주장한 '두 개의 J'를 '두 개의 C'로 조선화한다. 즉 '조선Chosun'과 '그리스도Christ'를 변증법적인 관계로 연결시키면서, 이를 조선 기독교의 핵심으로 삼은 것이다. 얼핏 이는 우치무라의 '두 개의 J'를 그저 모방한 것으로 여겨지기 쉽다. 하지만 서구 기독교가 아닌 우리의 기독교라는 사유는 당시 김교신만이 갖고 있던 생각은 아니었다. 그 당시 보수적인 서양 선교사들은 자신들의 선교활동을 보호받는 대가로 일제의 신사참배를 묵인하는 행태를 보였고, 이러한 서양 선교사의 위선적인 태도는 그들의 제국주의적이고 승리주의적인 방식과 함께 세인들 사이에서 비판의 도마에 오르고 있었다.

　여기서 김교신이 '예수Jesus'가 아니라, '그리스도Christ'와 조선을 연결시키고 있다는 차이점은 주목할 만하다. 예수는 역사적 인물의 이름으로서, 거대한 로마제국의 권력에 맞서 기독교 신앙의 양심을 선포한 사람이었다. 이렇게 '예수'를 강조한 우치무라는 그의 예수 해석처럼 일본제국 권력과 국민의 대중세력에 홀로 맞서, 제국주의의 부당성과 천황제의 우상성을 선포했다. 하지만 김교신의 '그리스도'는 보편적 구원자의 이름이다. 어원적으로는 '기름 부음을 받은 자'를 의미하는 그리스도는 '구원자'라는 직책의 명이다. 김교신은 그리스도를 아래로 향하여 억압당하고 고통당하는 이의 눈물과 한숨에 함께 하는 분으로 해석했다. 억압당하고 고통당하는 세상의 모든 이들은 이 그리스도의 임

연구에 몰두하는 우치무라 간조
출처: [https://www.yazhouribao.com/view/20200629090237501]

재를 체험할 수 있는 보편성을 공유한다. 다시 말해서, "그리스도의 삶은 하수도로 향하는 것, 병들고 가난한 자의 한숨을 듣고 눈물을 닦아 주는 것, 십자가에 달려 비천과 치욕의 극치에 이르기까지 내려가는 것"이다. 즉 예수가 그리스도인 것은 그가 병자와 죄인을 부르러 오셨고, 예수는 그를 따르는 이들이 온갖 천한 자, 낮은 자, 추한 자와 사귀기를 갈구하였기 때문이다. 따라서 김교신의 그리스도는 "하향적 아가페", 즉 낮고 천하고 고통당하는 곳을 향하는 그리스도의 사랑을 의미한다. 그렇기에 김교신의 무교회주의 기독교는 그리스도를 통해한국적 기독교를 추구한다는 것이고, 이는 예수의 개인적 양심이 아니라 온 세상에 만연한 고난과 고통에 함께하는 그리스도의 보편성에 기초한다는 것을 의

미한다. 이로써 우리 민족의 고난과 고통은 모든 억압받는 자들을 위한 메시아적 고난이 될 수 있다. 실제로 훗날 함석헌이 한민족이 겪은 고난의 역사를 메시아적 고난의 역사로 해석한 단초가 여기에 있다고 할 수 있다.

우치무라의《성서연구》발간을 통한 정신개벽운동은 김교신의《성서조선》운동의 영감의 원천이 되었다. 귀국 후 김교신은《성서조선》이라는 잡지 발간을 통해 생각을 열어가는 운동을 함께할 동지 6인을 규합한다. 한국적 기독교를 향한 무교회주의 운동의 핵심은 바로 문자 매체를 통해 사람들의 생각을 일깨워 나가는 것이었고, 이는《성서연구》발간을 통해 무교회주의 운동을 전개해 나갔던 우치무라의 방식을 참고한 것이다. 김교신은 함석헌, 송두용, 정상훈, 류석동, 양인성 등의 사람들과 함께《성서조선》을 발간하면서 한국적 기독교의 정신을 모색하였는데, 그가 생각한《성서조선》의 독자는 "조선의 정신을 잃지 않은 조선인"이었다. 그는 "너는 소위 기독교신자보다도 조선 혼을 소지한 조선 사람에게 가라. 시골로 가라. 산촌으로 가라. 거기에 나무꾼 한 사람을 위로함으로 너의 사명을 삼으라"고 호소한다. 본래《성서조선》은 '성서와 조선'을 의미했으며, 김교신은 "성서를 조선에, 조선을 성서 위에"라는 표어를 통해 그 의미를 함축하고자 했다. 그 과정에서 '성서'와 '조선' 사이에 '와'가 끼어들자, '성서'와 '조선'이 멀어지는 느낌이 들어 '성서조선'으로 잡지를 이름하였다. 김교신이《성서조선》운동에 전력한 이유 중 하나는 일제의 황국신민화 교육으로 학교 교육이 식민지 이데올로기의 도구로 전락한 상황에서 고통에 억눌린 민중의 정신을 일깨울 대안적 교육과 소통의 매체가 필요했기 때문이다. 그의《성서조선》은 그러한 정신을 전달할 수 있는 좋은 마당이었다.

그리하여 김교신은 학교를 사직하고 《성서조선》을 발간하는 데 몰두한다. 그런데 책 머리말에 실은 〈조와弔蛙〉라는 글이 문제시되면서 김교신은 체포되어 1년간 투옥 생활을 한다. "조와"는 '죽은 개구리를 애도하는 조문'이다. 유난히도 추웠던 겨울이 지나가는 봄날에 자신과 벗이었던 개구리들의 안부를 살피던 중 추위에 죽은 개구리들을 애도하는 내용이지만, 그럼에도 아직은 살아남은 두어 마리 개구리들을 보며 희망의 끈을 놓지 말자는 글이었다. 지금은 혹독한 겨울이라는 현실 진단, 그리고 우리 중 많은 이들이 고난을 이겨내지 못할 수도 있다는 경고가 일제에 의해 불온한 내용으로 포착된 것이다.

이렇게 김교신과 우치무라의 만남은 같은 정신, 다른 무늬의 기독교를 만들어내며 창조적 대화로 이어졌고, 두 한일 지성인의 만남은 거대한 국가권력과 대중야합주의를 넘어 삶의 진리를 내다보고, 우리의 삶을 지향해 나아갈 수 있는 대표적 모범 중 하나가 된다.

만남과 교차

김교신과 우치무라 간조의 만남은 당시 적자생존과 약육강식의 논리가 지배하던 국제정치의 현실에서 한국과 일본의 지성인이 어떤 미래적 대안을 모색할 수 있는지를 보여 주는 훌륭한 예이다.

제국의 시민으로서 우치무라 간조는 거대한 제국의 권력 구조에 맞서 개인의 신앙적 양심을 통해 국가권력의 위선을 고발한다. 그래서 우치무라의 무교회주의는 개인주의individualism에 기초한다. 우치무라는 이 개인주의에 근거하여 일본제국이 지닌 거대한 권력의 힘에 맞섰고, 보기 드물게 올곧은 지성인이었다.

하지만 일본제국에 의해 불법적으로 강제 점유된 조선의 백성이었던 김교신은 개인의 관점으로 역사와 세계를 조망할 수 없었다. 무엇보다도 조선의 동포가 제국의 권력에 의해 억압당하고 고통당하는 상황에서 김교신은 고통받는 조선 민중들과의 공감과 연대로부터 자신의 역사적 사명을 깨닫는다. 김교신은 역사적 인물로서의 예수가 아닌, '그리스도'에 초점을 두었다. 그렇기에 우치무라의 개인주의는 김교신의 무교회주의에 자리잡을 수 없었다. 낮은 곳으로 내려가 고통받고 있는 민중들과 함께하며, 함께 고통을 겪어내는 것. 바로 거기에 기독교 신앙의 힘과 가치가 있었기 때문이다.

"불의를 앞에 두고 아무것도 하지 않는 것은 죄"라는 마쓰다의 복음 선포를 듣고 기독교로 개종한 김교신에게 우치무라의 개인주의는 한계로 느껴질 수 있었다. 이는 우치무라가 결코 부정직하다거나 위선적이라는 말이 아니다. 천황의 권력에 맞서 천황이 우상임을 선포하고, 굴복하기를 거절했던 우치무라의 용기는 결코 김교신의 용기보다 덜한 것이 아니다. 그럼에도 불구하고 우리는 그의 개인주의가 일본 제국주의의 근간이 되는 국가주의와 민족주의에 대해서 실천적으로 영향력 있는 저항을 전개하지 못했던 한계를 간과할 수는 없다. 국가주의에 대항하는 개인주의를 천명하면서도 혹은 그렇게 천명했기 때문에 우치무라는 병역 거부를 말하지 않았고, 국가주의에 대한 분명한 저항 대신 침묵을 선택했다. 물론 당시의 일본에서 천황에게 절하지 않고 도리어 천황제가 우상 숭배라고 선포하는 것 자체만으로도 일본인으로서 우치무라에게는 엄청난 용기가 필요한 일이었고, 그의 모든 것을 건 절체절명의 투쟁이었음을 과소평가해서는 안 된다.

아울러 우치무라는 조선을 동정하는 태도로 바라보면서, 조선인 제자들과 더불어 복음 운동을 공유했다. 그러나 식민지 조선의 독립을 위한 그 어떤 정치적 운동에도 실천적으로 참여하거나 동의하지 않았다는 점에서 그의 개인주의가 갖는 한계는 명확하다. 마찬가지로 이러한 비판이 우치무라의 용기 있는 운동의 의미와 가치를 약화시키지는 못한다는 점도 분명히 할 필요가 있다.

그럼에도 불구하고 우치무라 간조와 김교신의 무교회주의 운동은 기독교를 "끊임없는 저항protest의 정신, 내 주장이라 해도 그것을 굽히려는 유혹에 프로테스트protest하는 정신, 내 영이 자라고 시대가 자라고 삶의 자리가 변화함에 따라 끊임없이 거듭나는 새 말씀을 받아 말하는 정신"을 우리에게 남겨 주었다. 그것은 제도 교회의 위선과 부패를 준엄하게 경고하고 꾸짖는 정신이며, 그러한 행태에 야합하지 않고 저항하는 정신이자, 국가나 정치의 이데올로기로 남용되는 신앙에 대해서 저항하고 비판하는 정신이다. 오늘날 한국과 일본에도 이런 정신이 필요하지 않을까? 민족주의를 넘어, 민족주의가 정치적 이데올로기로 남용되지 않도록 끊임없이 비판하고, 국가주의가 부정의를 정당화하는 구실이 되지 못하도록 준엄하게 꾸짖을 수 있는 정신 말이다. 이는 단지 어느 한 국가의 지성인들만으로 이루어질 일이 아니라, 한일의 지성인들이 만나 연대와 공감을 나누며 이루어 가야 할 가장 시급한 과제일 것이다. 한국과 일본은 적자생존과 약육강식의 관계로 살아갈 수 없는 나라들이다. 우리는 수천 년 전부터 함께 삶을 만들어 온 '동반자'이다. 동반자를 의미하는 company라는 말의 어원적 뜻은 '함께 빵을 나누는 사이'를 의미한다. 그렇다. 한국과 일본은 함께 빵을 나누는 사이인 것이다. 그런데 우리의 과거 경험들이 서로의 소통과 공감을 가로막는다. 이 장애를 극복하기 위해서 우치무라의 양심과 일본 지성인으로부터 과감히 배우려는 김교신의 정신이 오늘날의 우리에게 더욱 절실히 필요하다.

본래 초월이란 세속을 등지거나 세속과 대립된 그 어떤 것이 아니라, 기존의 부정의한 세속 체제를 벗어난 '무장소'를 가리킨다. 유토피아의 본래 의미 역시 '무장소'이다. 기존 세상의 어디에도 속하지 않은 곳, 그러나 이 세상과 무관한 것이 아니라, 이 부정의한 세상을 판단할 척도로 작용하는 이상理想, 그것이 유토피아다. 김교신은 바로 그 무장소의 유토피아를 추동력으로 삼아 시대를 변혁하고자 했다. 체제는 사람들의 관계로 구성되고, 사람들의 관계는 권력과 이해관계의 얽힘으로 도착되고 부패한다. 이러한 시대적 상황 속에서도 김교신은 혹독한 겨울을 살아남은 개구리의 모습을 그리며 희망의 씨앗을 발견했다. 희망은 힘이나 권력을 가진 이들로부터 나오는 것이 아니라, 암울하고 어려운 시대를 살아나간 억압받는 이들의 끈질긴 생명력으로부터 온다는 것을 김교신은 통찰했던 것이다. 이 부정의한 시대를 변혁해 나아가는 것은 시대의 언어와 상상력에 구속된 누구의 종교도, 누구의 신학도, 누구의 정치도 아니다. 그 어떤 것에도 속하지 않고, 올바른 분별력으로 부정의 앞에서 비판하고 저항할 수 있는 올곧은 정신이다. 부정의에 침묵하는 것을 '용기가 없는 것'이 아니라 '죄'라고 단호하게 선포한 기독교의 정신은 김교신을 통해 무교회주의로 피어나고, 그 땅에서 희망의 씨앗이 움트고 있었다.

3

맥아더와 히로히토
아시아·태평양전쟁 후 동북아의 판도를 바꾸다

유지아 | 원광대 동북아시아인문사회연구소 HK교수

맥아더-히로히토 회견(1945년 9월 27일)

1945년 9월 27일, 맥아더가 관저로 사용하던 미 대사관은 아침부터 매우 긴장된 분위기였다. 특히 진 마리 페어클로스 맥아더 부인은 일본인 하인들을 한곳에 모아 놓고 절대 밖으로 나오지 못하게 주의시켰다. 평생 신이라 생각했던 천황이 일본인 앞에 등장했을 때 무슨 일이 일어날지 모른다는 걱정 때문이었다. 히로히토가 도착하자 맥아더는 통역을 맡은 오쿠무라 가쓰죠奥村勝蔵와 함께 회견장으로 들어갔다. 그날 회견장에서 어떤 말이 오갔는지는 비밀에 붙여졌다. 이 회견의 결과물로 남은 것은 세계적으로 잘 알려진 한 장의 사진뿐이었다.

연합군총사령관 시절 일본천황 히로히토가 방문하여 촬영
출처: Wikimedia Commons

이 사진은 일본을 비롯해 전 세계에 큰 충격을 주었다. 평상복 차림인 맥아더와 달리 히로히토는 성장盛裝을 한 모습이었는데, 그의 옷차림에서 당시 일본의 처지가 여실히 드러났던 것이다. 근엄하게 입을 다문 맥아더의 얼굴과는 달리 입술 모양도 모호하고 넋이 나간 듯 보이기도 하는 히로히토의 얼굴에서는 위엄을 찾아보기 어려웠다. 회견 당시 예순다섯 살이었던 맥아더와 마흔네 살이었던 히로히토는 아버지와 아들 정도 되는 나이 차였다. 그래서인지 맥아더가 보다 원숙한 사람이라는 인상을 주었다. 특히 맥아더의 비공식적인 군복 차림은 일본 내에선 적지 않은 당혹감과 논란을 불러일으키기도 했다. 천황을 만나는데 군복이라 하더라도 최소한 정장은 입어야 했다는 것이다. 심지어 수십 년이 흐른 뒤에도 일본의 극우파들은 맥아더가 최소한 넥타이라도 맸어야 했다고 불평했다. 맥아더의 노타이 차림은 미국 언론의 눈길을 끌기도 했다. 미국의 대표적인 사진 잡지 *LIFE*는 맥아더와 히로히토의 사진을 게재하면서 "예전의 신, 내려오다Ex-god descends"라는 제목을 달았다. 기사의 제목처럼 이 사진은 일본 사회에 큰 파장을 일으켰고, 파장이 일었던 가장 큰 요인은 사진 속 추락한 천황의 위상이었을 것이다. 일본인들이 본 사진 속의 천황은 "현인신現人神(사람의 모습을 하고 나타나는 신을 의미하며 천황을 지칭했다)이 아닌 유한한 생명을 지닌 인간"이었고, 더구나 이제 그 현인신은 종속된 국가의 나이 든 군인 옆에 조연으로 서 있었던 것이다.

　그런데 1964년, 맥아더-히로히토의 제1차 회견이 다시금 큰 파장을 몰고 왔다. 미국 TIME사가 출판한 『맥아더 회상기』에 그날의 대화가 실렸기 때문이다. 맥아더는 "내가 미국제 담배를 내놓자 천황은 인사를 하고 받아 들었다. 그 담배에 불을 붙여주었을 때 나는 천황의 손이 떨리는 것을 알았다. 나는 천황이 느끼고 있는 굴욕적인 고통이 얼마나 깊은 것인가를 알 수 있었다"라고 회상했다. 전쟁범죄자로 기소되지 않기 위해 천황이 자신의 입장을 호소할 지도 모른다는 생각에 맥아더는 불안을 느꼈다고 전한다. 하지만 천황의 입에서 나온 말은 예상과 달랐다.

나는 국민이 전쟁을 수행할 때 정치, 군사면에서 행한 모든 결정과 행동에 책임을 진 사람으로서, 나 자신을 당신이 대표하는 국가들의 결정에 맡기고자 방문했다.

이어 맥아더는 연합국 가운데 소련과 영국 등에서 천황을 전쟁범죄자에 포함시켜야 한다는 목소리가 꽤 강했던 것을 떠올리면서, 실제로 이들 나라가 제출한 최초의 전쟁범죄 리스트에 천황이 첫 번째로 올라와 있었다고 회상하고 있다. 심지어 "워싱턴이 영국의 견해에 기울었을 때, 나는 만약 그런 일을 한다면 적어도 백만의 장병이 필요하게 될 것이라고 경고했다"고 서술하고 있는데, 이는 이미 맥아더가 천황을 기소할 생각이 없었다는 것을 말해준다.

그러나 천황의 이 발언의 진위 여부에 대해서는 현재까지도 여러 가지 설이 있다. 맥아더 외에는 누구도 당시의 상황을 언급하지 않았기 때문이다. 1964년 6월 『문예춘추(文藝春秋)』 편집부는 미육군전사국의 공식 전투 기록과 맥아더의 회상록을 비교하면서 과장, 허위, 반대 등의 사실 관계를 밝혔다. 그리고 『맥아더 회상기』를 자기 변명과 자만, 자랑을 늘어놓은 것이라고 말하며, 진실은 한 줌에 지나지 않는다고 평가했다.

패전 후 인간으로 추락한 천황 히로히토

히로히토는 1901년 4월 29일에 태어나 일본의 황태자로는 처음으로 영국, 프랑스, 벨기에, 이탈리아 등을 방문하면서 서양 문물을 직접 접했다. 그는 1921년부터 아버지 다이쇼 천황의 병으로 인해 섭정을 시작해 1926년에 일본의 제124대 천황이 된다. 일반적으로 전쟁 전의 천황은 대일본제국헌법에 '국가의 원수로서 통치권의 총람(제4조)'이라고 규정하여 입헌군주제의 지위에 있었다고 알려져 있다. 즉 전쟁 당시의 히로히토는 내각이 결정한 사항을 재가하는 역할을 할 뿐 어떠한 결정권도 없었다는 것이다. 그리고 이러한 논리로 인해 히로히토는 결국 아시아·태평양전쟁에 대한 어떠한 책임도 지지 않았다.

1946년 1월 1일의 '연두年頭 국운 진흥에 관한 조서'는 천황이 스스로 신격을 부정한 '인간 선언'으로도 잘 알려져 있다. 그러나 조서의 본래 의도는 메이지 천황의 '5개조 서문'을 통하여 천황제에도 민주주의와 평화주의적인 전통이 있다는 것을 내외에 강조함으로써 천황의 전쟁 책임을 회피하는 데 있었다. 그런 점에서 '인간 선언'은 천황의 전쟁 책임을 회피하고 '국체國體(천황 또는 천황제)'를 지키기 위해 평화주의자 천황의 이미지를 고도로 미화(날조)한 결정판이었다고 할 수 있다.

아시아·태평양전쟁의 주요한 사항은 천황이 직접 주재하는 어전회의御前会議에서 결정되었다. 먼저 1937년 7월 7일에 중일 전면전이 발발하자 궁중에서는 대본영을 설치하고, 1938년 1월 11일에는 제1회 어전회의를 개최하여 『지나사변처리근본방침(支那事変処理根本方針)』을 통해 전쟁을 지속·확대할 것

패전 후 인간이 된 히로히토의 순행
출처: Wikimedia Commons

을 결정했다. 1941년 9월 6일 제8회 어전회의에서는 대미·대영 전쟁을 결정했고, 같은 해 12월 8일 진주만 공습을 단행한 후에는 천황의 이름으로 『선전의 조서(宣戰の詔書)』를 발표했다. 그리고 1943년 1월 8일에는 제10회 어전회의에서 『대동아정략지도대강(大東亞政略指導大綱)』을 결정하여 전쟁 계획을 수립했다.

뿐만 아니라 1945년 7월 26일에 발표한 포츠담 선언에 대해 결정을 내리지 못하던 천황은 히로시마와 나가사키에 원자폭탄이 투하되자, 8월 10일 제14회 어전회의에서 이른바 「전쟁을 끝내는 성스러운 결단(終戰の聖斷)」을 내린다. 그리고 8월 14일 다시 이어진 제15회 어전회의에서 포츠담 선언을 수락하고 천황의 이름으로 『종전조서(終戰の詔書)』를 발표한다. 결국 8월 15일 라디오 방송에서 이 조서의 내용을 공개하면서 전쟁은 막을 내린다. 이 과정에서 히로히토는 천황으로서 전쟁을 결심하고 천황으로서 전쟁을 끝냈던 것이다.

이후 천황과 정치 지도자들은 그야말로 전쟁에 대한 반성이나 국민에 대한 배려를 눈물로 호소하는 행보를 보였다. 설령 미국이 포츠담 선언의 시점에서 이미 원폭 투하를 계획하고 있었다고 하더라도, 일본이 조금이라도 더 빨리 항복했더라면 적어도 히로시마와 나가사키에서 33만 명이나 되는 민간인의 희생을 막을 수 있었을 것이다. 그러나 패전이라는 미증유의 사태를 앞두고도 오로지 '국체호지'를 지상과제로 삼았던 그들은 천황에 대한 충성을 변함없이 다하고 고난을 극복하여 재기를 다짐할 것을 국민에게 요구했다. 그들의 호소는 8월 17일 '국체호지'의 사명을 안고 성립한 히가시쿠니노미야 나루히코東久邇宮稔彦 황족 내각의 '일억총참회론'으로 이어지면서, 일본 국민들 사이에서 천황의 전쟁 책임보다는 전쟁을 끝까지 승리로 이끌지 못한 일본 국민들의 천황에 대한 참회의 분위기를 형성했다.

또 다른 현인신이 된 맥아더

맥아더는 1880년 1월 26일, 미국 아칸소주 리틀록의 군부대에서 아서 맥아더 2세Arthur MacArthur, Jr.의 셋째 아들로 태어났다. 그는 인천상륙작전을 통해 한국사에 극적으로 등장한 영웅으로 널리 알려져 있다. 그러나 맥아더는 동아시아와 깊은 인연이 있는 인물이자, 동아시아에 영향력을 행사했던 인물로 '태평양의 시저'라는 별칭이 있을 정도였다.

　1945년 8월 14일, 일본은 연합군에 포츠담 선언 수락을 통고했다. 일본의 패전과 점령이 결정되는 순간이었다. 이에 연합군총사령부GHQ의 총사령관으로 떠오른 인물이 필리핀 탈출 이후 맹공격으로 레이테 섬을 공략해 연합군이 승리하는 데 공을 세운 맥아더였다. 당시 맥아더는 미국 국민의 압도적인 인기를 한몸에 받았고, 심지어 연방회의에서는 맥아더 숭배자가 있을 정도였다. 8월 29일 오키나와에 도착한 맥아더는 그다음 날인 8월 30일, 아침에 전용기 '바탐호'를 타고 도쿄에 도착했다. 그는 9월 2일에 일본의 항복조인식을 거행하고, 그 일주일 후인 9월 8일에 막료들을 이끌고 도쿄로 진주했다. 진주군은 40만 명 정도의 인원이었는데, 모두 연합군 마크를 달고 있었지만 대부분 미군으로 구성된 부대였다. 특히 맥아더의 측근은 '바탐 보이즈Bataam Boys 또는 Bataam Gang 이라 함'라고 불리는 집단이었는데, 그들은 맥아더가 바탐 반도를 탈출할 때 생사를 같이했던 육군 장병 15명이었다. '바탐 보이즈'는 GHQ 안에 특수한 이너서클을 결성하고, 총사령관 주위로 높은 벽을 쌓아 내부 권력을 장악했다. "저 자는 바탐 보이즈다"라는 한 마디면 그 무엇도 초월할 수 있는 면죄부가 된 것처럼, GHQ 내에서 그들은 바탐 보이즈라는 사실만으로도 큰 특권을 지닐 수 있었다.

　일본에 진주한 맥아더는 열정적으로 점령 정책을 시행하고자 했다. 그만큼 그는 권력의 정점에 서야 했고, 그러기 위해서는 무엇이라도 이용해야 했다. GHQ는 새로운 지배자인 맥아더를 일본 국민에게 알리기 위해 극적인 사건이 필요하다고 판단했고, 일본에서 가장 극적인 인물인 히로히토 천황을 이용하기

인천상륙작전을 지휘하는 맥아더

로 했다. 1945년 9월 27일에 히로히토 천황이 직접 맥아더를 찾아가 회담을 한 것이다. 인간의 모습으로 이 땅에 내려와 살아있는 신으로 추앙받던 천황이 직접 찾아가 만난 맥아더는 회담 이후 일본 국민들 사이에서 새로운 신으로 등극한다. 그 후로 일본 국민들은 맥아더에 대한 절대적인 신뢰를 저버리지 않았다. 그가 누군가를 전쟁범죄자로 기소하더라도, 기소한 전쟁범죄자를 석방하더라도, 일본의 헌법 개정안을 내놓을 때도, 자위대의 전신인 경찰예비대 창설을 명령할 때도 일본 국민은 맥아더의 명령에 복종할 뿐이었다. 그렇게 맥아더는 일본 국민 위에 우뚝 선 존재였지만, 한편으로는 일본 국민들이 보낸 편지를 읽어 주곤 하는 친밀한 인물로도 인식되었다. 일본인들 사이에서는 이 '자애로운 독재자'에게 "소망하는 것을 이루게 해 주십시오", "분쟁을 해결해 주세요", "취직을 부탁드립니다" 등 자신의 바람을 써서 보내는 것이 유행처럼 번졌다.

이후 한국전쟁이 발발하자, 맥아더는 연합군 사령관이 되어 인천상륙작전으로 전세를 역전시키고 북한군을 압록강 국경까지 몰아내면서 한국전쟁의 영웅으로 부상했다. 그러나 중공군의 개입으로 다시 후퇴하게 되자, 그는 원자폭탄을 사용하여 중국 동북부를 공습하고자 했지만 부결되고 만다. 이로 인해 맥아더는 해리 트루먼 대통령과 대립하면서 1951년 4월 11일 사령관의 지위에서 해임되었다. 며칠 후 4월 16일 도쿄국제공항으로 향하는 맥아더의 귀국길에는 20만 명이 넘는 일본인들이 모여들었다. 일본의 주요 신문들은 맥아더에게 감사하는 문장을 실었다. 훗날 맥아더는 회고록에서 그 당시 상황을 "200만 명의 일본인이 길가에 가득 서서 손을 흔들었다"라고 과장해서 썼다. 맥아더는 공항에서 미일 양국 요인이 참석한 간단한 환송식을 한 후 전용기 '바탐호'를 타고 일본을 떠났다. 맥아더가 귀국한 후에도 일본 정부는 맥아더에게 '명예 국민'의 호칭을 부여하고 종신국빈에 관한 법률안을 각의에서 결정했다.

미국에 도착한 후, 4월 19일에 워싱턴 D.C.에서 열린 상하원 합동의회에 참석한 맥아더는 퇴임 연설에서 군가의 후렴구인 "노병老兵은 죽지 않는다. 다만 사라질 뿐이다"라는 말을 남겼다. 그 후 『맥아더 회상기』를 통해 1945년 9월 27일 비밀에 붙인 히로히토와의 대화를 공개하면서, 아시아·태평양전쟁에서 천황의 전쟁 책임에 대한 논의를 환기시켰다.

다시, 맥아더-히로히토 회견 이틀 전(1945년 9월 25일)

아시아·태평양전쟁은 페리 제독이 일본에 내항하면서 시작된 근대화와 함께 성장한 일본이 메이지유신 이후 최초로 일으킨 전쟁이다. 청일전쟁부터 1945년 패전하기까지 약 50년 동안 이어진 이 전쟁은 원래 '대동아 전쟁'이 공식 명칭이었다. 하지만 이 명칭은 일본이 대동아공영권을 정당화하기 위해 사용한 용어였다. 그래서 패전 후 '대동아 전쟁'이라는 호칭은 GHQ에서 사용금지령을 내렸다. 전후에는 '태평양 전쟁'이라는 호칭을 널리 사용하였는데, 이 또한 대미전쟁의 국면만 드러내고 있어 아시아·태평양 지역의 전쟁이라는 의미를 제대로 반영하지 못한다는 이유로 '아시아·태평양전쟁'이라는 호칭을 제창하였다. 아시아·태평양전쟁 기간에 일본과 전쟁을 치른 아시아 각국의 피해는 매우 심각했지만, 통계 자료가 남아있지 않아 확실한 숫자를 알기는 어렵다. 각 국가가 발표한 자료를 기초로 보면, 중국인 사망자는 중일전쟁에서 군인 380만 명, 민간인 1,800만 명, 조선인 20만 명, 필리핀인 111만 명, 타이완인 3만 명, 말레이시아인과 싱가포르인 10만 명 정도이고, 여기에 베트남인을 포함한 동남아시아인의 숫자를 합하면 2,000만 명이 족히 넘을 것으로 추산하고 있다.

이에 일본을 점령한 GHQ는 1945년 9월 11일 진주만 공습을 명령한 도조 히데키東条英機에 대한 체포 명령을 내림과 동시에 43명의 전범 용의자에게 구속 출두를 명령한다. 이른바 '제1차 전범 지명'이었다. 이어서 1945년 11월 19일에 내려진 '제2차 전범 지명'에 근거하여 11명의 체포 명령이 내려졌고, 12월 2일에 내려진 '제3차 전범 지명'에 의해 59명이 체포된다. '제3차 전범 지명'은 정재계에서 황족까지 체포 명령을 내린 것이 특징이며, 12월 6일에 추가로 9명의 전범 용의자에게 체포 명령을 내리면서 '제4차 전범 지명'이 이루어졌다. 이와 같이 긴박한 상황에서 도쿄재판 개정을 앞두고, GHQ의 맥아더 측근과 일본 정부 그리고 궁중 그룹에서는 천황의 전쟁 책임 면책을 위한 정치 공작이 활발하게 전개되고 있었다.

그러던 중 맥아더-히로히토 회견 이틀 전인 1945년 9월 25일, 히로히토는 뉴욕타임즈 특파원을 만났다. 기자가 미리 준비한 질문에 대해 히로히토가 서면으로 회답을 하는 자리였다. 4개의 질문 가운데 전쟁 책임과 관련된 내용은 두 번째 질문으로, "미국의 참전을 초래한 진주만 공습을 개시하기 위해 도조 히데키가 전쟁선포조서를 마음대로 사용한 것은 천황의 의사가 아니었는가"라는 물음이었다. 이에 대해 히로히토는 "전쟁선포조서를 도조가 사용한 것처럼 사용할 의사는 없었다"고 명확하게 답했다. 당시 세계의 여론은 천황의 전쟁 책임을 묻고 있었고, 그 과정에서 진주만 공습을 가장 비판했다. 이에 대해 히로히토는 '전쟁선포조서'와 '진주만공습'의 관계에 대한 책임이 없음을 명확히 하고자 했던 것이다. 이미 천황의 측근들은 "도조가 천황에게 전쟁 돌입을 계속 추궁했다"라든가 "천황은 진주만 공습 바로 전 전쟁선포조서에 서명했다"와 같은 발언으로 모든 책임을 도조에게 넘기고 있었다. 이 기자회견 역시 천황이 뉴욕타임즈를 통해 미국 대통령과 미국 국민에게 친히 메시지를 전하자는 의도에서 이루어진 것이었다.

그러나 1945년 9월 27일 뉴욕타임즈에 실린 천황의 대답은 전혀 달랐다. 당시 대변인은 두 번째 질문에 대해 "전쟁의 전략상 상세한 사항에 대해서는 전적으로 참모본부가 결정하고, 천황은 일반적으로 자문에 맡기지 않는다. 특히 교전의 개시 이전에 정식으로 선전포고를 하는 일은 천황의 의시였다"고 설명하고, 도죠 개인에 대한 비난을 피했다. 그 배경에는 시게미쓰 마모루重光葵가 있었다. 그는 천황 측근의 계획을 비난하면서 만약 천황이 공식적으로 진주만 공습에 책임이 없다고 발표하면 국체호지는 국내에서 붕괴될 위험이 있다고 경고했던 것이다. 결국 천황의 측근도, GHQ도 이 의견에 동의하면서 뉴욕타임즈 기사나 맥아더 회견 등에서 도죠를 직접 비판하지 않는 태도를 취했다. 이러한 정치 공작은 『문예춘추』1990년 12월호에 공개된 천황의 「독백록」에도 잘 나타나 있다. 천황의 「독백록」은 맥아더의 군사부관 펠러스와 데라사키의 물밑작업을 배경으로, 천황이 도쿄재판에 소환되는 만약의 사태에 대비하여 은밀하게 작성된 것이었다. 당시 궁내청 어용괘御用掛로서 천황의 통역을 맡았던 데라사키는 독백록의 작성 경위에 대하여 다음과 같이 기록하고 있다.

본편은 쇼와 21(1946)년 3월 18일, 20일, 22일, 4월 8일(2회), 합계 5회, 총 8시간에 걸쳐 대동아전쟁의 원인遠因, 근인近因, 경과 및 종전의 사정 등에 관하여 성상 폐하의 기억을 마쓰다이라 요시타미松平慶民 궁내대신, 기노시다 시종차장, 마쓰다이라 야스마사松平康昌 종실료 총재, 이나다 슈이치稲田周— 내기부장 및 데라사키 어용괘 5명이 배청한 내용의 기록이다. 폐하는 아무 메모도 가지고 있지 않으셨다. 앞의 3회는 감기로 인하여 집무실에 침대를 가져와 막을 치고 누우신 채로 말씀하시고, 마지막 2회는 하야마 별장에서 휴양 중에 5명이 찾아뵙고 배청한 내용이다.

이 단계에서 맥아더는 이미 도쿄재판이 개정되기 전부터 천황을 전범으로 소환하지 않을 방침이었다. 하지만 천황의 전쟁 책임에 대한 국내외의 엄격한 여론을 무시할 수는 없었다. 따라서 맥아더는 하루라도 빨리 천황이 '결백'하다는 증거를 입수하고 싶어 했고, 그것을 맥아더의 군사부관 펠러스가 데라사키에게 계속해서 재촉하고 있었던 것이다. 이러한 공작으로 천황 히로히토는 기소되지 않고 1989년까지 천황의 지위에서 천수를 다했다.

결국 도쿄재판은 '승자의 심판'이 되고…

1946년 4월 29일, 전범으로 지명된 100여 명 중 도조 히데키를 비롯한 28명의 피고가 A급 전범자로 정식 기소되었다. 그리고 같은 해 5월 3일부터 극동국제군사재판(일명 도쿄재판)에서 심리審理가 시작되었다. 여기에 히로히토 천황의 이름은 없었다. 미국의 대일전후처리를 위한 선결과제였던 도쿄전범재판은 2년이 넘는 재판기간을 거쳐 심리 중 사망과 정신질환을 앓은 3명을 제외한 25명에 대하여 1948년 11월 12일에 전원 유죄를 인정하고, 교수형 7명, 종신형 16명, 금고 20년 1명, 금고 7년 1명의 형을 선고했다. 같은 해 12월 23일에는 7명에 대한 교수형을 집행했으며 이후 다른 전범 재판은 열리지 않았다. 이뿐만 아니라 샌프란시스코 강화조약 이후, 일본은 1952년 12월 9일 중의원 본회의에서 "전쟁 범죄에 의한 수감자의 석방 등에 관한 결의"를 통과시켰고, 1953년에는 극동국제군사재판에서 전범으로 처형된 사람들을 "공무사公務死"로 인정했다. 이후 1956년 3월 말에는 극동국제군사재판에 의해 수감된 12명을 모두 가

석방했으며, 1978년에는 도조 히데키와 다른 A급 전범들을 야스쿠니 신사에 합사하여 지금까지 제사를 지내고 있다. 이러한 태도는 한국과 중국 등 아시아 국가들의 반발을 사고 있다.

일본에서 도쿄재판을 둘러싼 연구는 아시아·태평양전쟁 종결로부터 75년이라는 시대를 거쳐 보다 다각적인 관점에서 심도 있게 다루어진다. 그 가운데 도쿄재판을 '승자의 심판'이라고 비난하는 시각도 여전히 존재한다. 일부 보수파는 이 '승자의 심판'에 의해 도쿄재판사관이 형성되었고, 도쿄재판사관으로 인해 자학사관이 유래되었다고 말하기도 한다. 도쿄재판사관은 1970년대부터 논단에서 유통되기 시작한 역사관으로, 도쿄재판의 판결을 바탕으로 아시아·태평양전쟁을 '일부 군국주의자'들이 '공동모의'하여 일으킨 침략으로 인식하는 역사관이다. 반면 도쿄재판 연구자인 아와야 겐타로粟屋憲太郎 교수는 도쿄재판에서 중요한 면책 조항으로 '쇼와 천황의 면책'과 '일본의 식민지 지배', '화학전·생물전의 책임', '너무 빠른 A급 전범 용의자 석방' 등으로 인해 전후 처리가 제대로 이루어지지 못했음을 지적했다. 그는 도쿄재판 과정을 고려하면서 "중요한 국면에서 '심판'과 '책임'이 미묘하게 교차하고 있다"고 언급하는데, 이 면책 문제가 '일본의 과거 극복'의 저해 요인이 되고 있다고 주장한다.

한국의 시선에서 한일관계는 여전히 과거사와 전후 배상 문제를 둘러싼 채 반목을 거듭하고 있다. 그러나 동북아시아의 시선에서 일본과의 과거사, 전후 배상 문제를 해결한 국가는 없다. 가장 철저해야 했던 전쟁범죄자 처벌부터 첫 단추가 잘못 꿰어졌기 때문은 아닐까? 이는 한일 간의 갈등에서 나타나는 문제뿐만 아니라, 그 배경이 되는 사안에 대해서도 우리가 관심을 가져야 하는 이

유일 것이다. 이러한 관심이 일본뿐만 아니라 한일 양국에서 더 나아가 동북아시아까지 확장된다면, 전후 동북아시아의 역사를 밝히는 데 더욱 큰 의의가 있음은 물론 여전히 존재하는 과거사 문제를 풀어갈 단서를 마련하는 데도 도움이 될 것이다.

4

궈모뤄와 조선의용대
한·중 연대를 기억하다

조정원 | 원광대 동북아시아인문사회연구소 HK교수

1910년 8월 22일 대한제국에 대한 일본의 한일병합조약이 체결된 후 한국의 우국지사들은 국내외 여러 곳에서 독립운동을 전개하였다. 1909년 10월 26일 안중근은 중국 하얼빈을 방문했던 일본의 초대 한국통감 이토 히로부미를 암살했고, 1919년 한국에서 3.1운동이 일어났고, 1920년대 일본과 중국에서는 의열투쟁이 벌어졌다. 이 사건들로 중국인들은 한국의 독립운동에 관심을 갖기 시작했고, 중국의 정치인들과 문인들은 한국의 독립운동 세력과 협력하며 연결되었다. 한국의 독립운동을 지지했던 중국 정치인들과 문인들 중 특히 궈모뤄는 한국에 대한 관심이 각별하였다. 그는 1938년 10월 10일 중국 우한에서 만들어진 무장 독립운동 단체 조선의용대의 활동을 지원하면서 일본을 상대로 반제국주의·반파시스트 투쟁을 위한 한중 연대의 형성에 기여한 인물이다. 이 글에서는 궈모뤄가 어떻게 한국에 대한 일본제국의 강제 병합과 한국의 대일 독립운동에 관심을 갖게 되었는지를 살펴보고, 궈모뤄와 조선의용대가 어떻게 협력하게 되었는지를 소개하고자 한다. 이를 통해 한국의 사드 배치와 미중 패권 경쟁으로 어려운 국면을 맞은 이 시기에 한국과 중국 간 우호 협력을 복원할 수 있는 방안을 모색하고자 한다.

민주주의와 정의에 대한 신념이 강했던 궈모뤄

궈모뤄가 한국과 한국의 대일 독립운동에 관심을 갖게 된 배경을 알기 전에, 우리는 그의 성장 과정을 통해 문인으로서, 연구자로서 그가 어떻게 발전할 수 있었는지를 살펴볼 필요가 있다. 궈모뤄는 1892년 11월 16일 중국 서남부의 쓰촨성 러산 사완에 위치한 지주의 가정에서 태어났다. 1897년 5세였던 궈모러는 쑤이산산관绥山山馆에서 선환장沈焕章을 스승으로 모시고, 시경诗经과 300수唐诗三百首 등의 고전을 배우면서 학문과 지식을 접했고, 9세였던 1901년에는 상하이에서 만든 신식 교과서로 공부했다. 공부를 좋아했던 궈모뤄는 1906년 러산현 고등소학교乐山县高等小学에 들어가 첫 학기에 전교 1등을 차지하면서 우수한 성적을 거두었다. 그는 학과 공부와 독서에 매진하는 과정에서 민주주의 사상에 관심을 갖고 민주주의에 대한 열망을 품게 되었는데, 때때로 불의를 보면 적극적으로 의사를 표시하는 학생으로 변모해갔다. 러산현 고등소학교에 들어온 지 1년이 되던 1907년 봄, 궈모뤄는 어느 교사의 전횡에 반발하면서 학교에서 제적될 위기를 맞았지만, 다행히도 다른 교사들의 도움으로 제적 위기를 면했다. 그러나 1909년 가을, 학생들의 파업에 참가하면서 그는 재학 중인 학교와 뤄산현 정부에게 자신의 동창을 폭행한 사람의 처벌을 요청하다가 학교에서 제적되고 말았다. 그렇지만 운이 좋게도 1910년 봄, 쓰촨성의 최대 도시 청두成都에 있는 쓰촨관립고등분설중학당四川官立高等分设中学堂에 들어갈 수 있게 되었고, 그곳에서 못다한 학업을 이어갔다. 그런데 그에게 또다시 위기가 찾아온다. 청두에서 의회의 조기 개원을 요구하는 파업의 학생 대표로 동참했던 그는 재학 중이던 학교에서 징계를 받게 된 것이다. 그 이듬해인 1911년, 궈모러는 청 왕조의 황제가 퇴위하자 귀향하여 민단民团을 조직하고 신해혁명에 호응하였다.

창작과 학문에 대한 열정, 한국에 대한 애정

민주주의에 대한 신념이 강한 학생이었던 궈모뤄가 문인으로서의 재능을 발휘하게 된 계기는 그의 형인 궈카이원郭开文의 도움으로 일본에서 유학하게 되면서부터였다. 1914년 가을, 궈모뤄는 일본으로 건너가 도쿄 제1고등학교 예과에서 공부하였고, 1915년 가을에는 오카야마 제6고등학교에 들어가서 학업에 매진하였다. 1918년 여름에는 큐슈의과대학 의학부에 들어가서 의학 공부를 시작했는데, 그 당시 타고르, 셰익스피어 등 외국 유명 작가들의 작품을 틈나는 대로 읽으면서 문학에 대한 흥미를 갖게 되었다. 1919년 여름에는 5.4운동을 지지하면서 일본의 제국주의에 반대하는 유학생들을 규합하여 하사를 조직하였고, 일본의 식민지였던 조선을 방문한 후 같은 해 11월 신중국新中國 제1권 7

기에 중국 문인들 중에서는 최초로 한국인을 소재로 한 소설 「목양애화(牧羊哀话)」를 발표하였다. 「목양애화」는 조선에 온 중국인이 금강산을 지나며 만난 마을 주민 윤씨로부터 전해 들은 민숭화 일가의 이야기다. 소설은 한일합방조약을 반대하다 좌절하고 금강산으로 내려온 애국충신 민숭화와 그의 딸 민페이의 이야기를 통해 일본 제국주의의 침략을 고발하고 일본의 핍박으로 어려움을 겪는 한국인들을 동정하는 내용을 담고 있다. 궈모뤄는 일본의 식민지가 되었던 조선에 방문했던 경험을 활용하여 「목양애화」를 집필했다. 그는 이 작품을 발표하는 과정에서 일본 제국주의의 식민지가 된 조선의 고난을 이해하고 조선과 조선 민중들에 대한 애정을 갖게 되었다.

「목양애화」를 발표한 후, 궈모뤄는 시를 짓고 발표하는 일 그리고 외국 문학작품을 번역하는 일에 매진하였다. 1921년 6월에는 청팡우, 위다푸와 함께 '창조사創造社'를 조직하여 낭만주의, 유미주의 문학을 추구하였다. 1923년 봄, 큐슈의과대학 의학부를 졸업한 후로는 외국 문학작품을 번역하고, 마르크스주의 이론을 배우는 데 전념하였다. 1924년에는 일본에서 투르게네프의 장편소설 「새로운 시대」의 중문판을 출간하였고, 마르크스주의 이론을 지지하게 되었다. 그 후 역사극과 시를 창작하는 일에 몰두하던 궈모뤄는 1926년 3월, 중국 광저우로 건너와 광둥대학의 문과 학장을 맡으면서 중국 공산당의 초기 지도자들과 인연을 맺는다. 그리고 1927년 8월 1일, 난창 봉기에 가담하면서 중국 공산당에 가입하게 되었다. 1928년 국민당 정부가 궈모러를 지명수배하자, 그는 일본으로 들어가 1937년 상반기까지 외국 문학작품을 번역하는 일과 중국 고대 사회, 갑골문을 비롯한 중국 고대 문자를 연구하는 일에 매진하였다. 중국 고대 사회와 고대 문자 연구에 전념했던 그가 1933년에 완성한 『복사통찬(卜辭通纂)』은 현재까지도 중국 고대 문자인 갑골문 연구의 고전으로 인정받고 있다.

궈모뤄의 구망일보와 조선의용대의 한중 항일투쟁, 그 연대의 시작

일본의 만주 침략으로 시작된 중국의 항일전쟁이 본격화되던 때, 궈모뤄는 1937년 여름에 귀국하여 항일전쟁에 참가하였고, 상하이 문화계 '구망협회上海市文化界救亡协会'가 8월 24일에 창간한 《구망일보》의 사장을 맡게 되었다.

《구망일보》는 상하이 문화계 구망협회의 기관지로 1931년 9월 18일 만주사변 이후 일본의 중국대륙 침략과 중국의 항일전쟁을 보도하기 위해 만들어졌다. 《구망일보》가 만들어진 1937년은 중국 국민당과 중국 공산당이 중국 북방의 군벌 타도를 위한 1차 국공합작(1923년 6월~1927년 7월)에 이어 중국을 침략하는 일본군에 대항하기 위한 2차 국공합작을 추진한 첫해였다. 국공합작을 지지했던 궈모뤄가 사장이고, 샤옌夏衍이 편집인을 맡았던 《구망일보》도 초기에는 중국 국민당과 중국

궈모뤄
출처: 바이두백과百度百科

중화민국 26년(1937년) 10월 20일 자 《구망일보》
출처: 중국대백과전서中國大百科全书 누리집

공산당이 공동으로 출자하고 양당의 인사들이 함께 참여하여 중국 정치세력들의 항일 활동과 주장, 일본군과 일본군 주요 간부들의 문제, 중국 내 정치세력의 분열과 일본에 대한 투항을 반대하는 내용을 보도하였다. 그러나 일제의 상하이 점령으로 1937년 11월 22일 제85호로 신문이 정간되었으며, 광저우에서 1938년 1월 1일 복간되었지만, 같은 해 10월 21일 다시 정간되었다. 그 후 《구망일보》는 구망일보사가 궤이린桂林으로 이전하고 조선의용대와 본격적인 인연을 맺기 시작하면서 2년간 발행되었다.

약산 김원봉
출처: "현대사 100년의 혈사와 통사 25화 최후까지 총을 든 조선의용대(군)", 《오마이뉴스》(2019. 2. 26.)

《구망일보》의 사장과 국민정부 정치부 제3청 청장을 겸직하고 있었던 궈모뤄는 일본군에 대항하기 위한 국공합작을 지원하면서 한국의 무장 독립운동을 적극적으로 지지하였다. 「목양애화」를 발표한 후 한국에 대한 관심과 애정을 갖고 있었던 궈모뤄는 1938년 10월 10일에 후베이성 우한 한커우 중화기독청년회관을 방문하여 약산 김원봉(이하 김원봉), 유자명 등의 의열단 출신 인사들을 중심으로 만들어진 조선의용대 발대식에 참석하여 지지를

조선의용대 창설 기념사진 (1938년 10월 10일)
출처: ""영웅도 태양도 없다"…우상 숭배 저항한 항일투쟁 혁명가 김학철", 《경향신문》(2022. 8. 18.)

표명하였다. 조선의용대 창설에 주도적인 역할을 했던 김원봉은 1919년 11월 9일 중국 지린성 파호문 밖 중국 농민 반씨의 집에서 12명의 청년들과 함께 의열단을 결성한 인물이다. 김원봉은 조선총독부와 일본군의 고관들, 조선 내 친일파의 핵심 인물들과 밀정들을 제거하면서 독립 투쟁을 지속했으나 한계를 깨닫고 일본군에 대항하는 무장 투쟁으로 방향을 전환하였다. 이를 위해 김원봉은 장제스가 이끌던 중국 국민당 정부의 지원을 받아 1932년 10월부터 1935년 9월까지 조선혁명군군사정치간부학교의 교장으로 근무하면서 1기생 26명, 2기생 55명, 3기생 44명의 조선독립군 전투 요원을 양성하였다. 1937년 중일전쟁이 터지면서 김원봉은 군대를 서둘러 창설해, 1938년 10월 10일 오전 후베이성의 한커우 중화기독청년회관에서 조선의용대 발대식을 개최하였다.

조선의용대는 우한 한커우에서 발대식을 마친 후 중국인들과 함께 일본군의 우한 침공에 맞서 싸웠다. 그들은 일본에 대항하는 표어와 구호를 우한의 거리 곳곳에 써놓으면서 일본군에 대한 투쟁 의지를 보여 주었다. 조선의용대는 우한에서 제일 마지막으로 철수함으로써 궈모뤄에게 강한 인상을 남겼다. 궈모뤄는 조선의용군의 투지에 감동하여 자신의 작품「홍파곡(洪波曲)」의 제13장 제5절에서 조선의용대가 일본군과의 우한 전투에 참전해 우한의 성벽에 일본어로 수많은 반일 표어를 써내려간 사실과 우한에서 마지막까지 최선을 다해 싸웠던 조선의용대의 투지를 소개하였다.

궤이린에서의 한중 항일협력

1938년 10월 25일, 우한이 일본군에게 함락된 후, 조선의용대는 궤이린의 둥린제 1호에 본부를 개설하였으나 일본군의 공습이 계속되면서 궤이린의 스자원으로 본부를 이전하였다. 궈모뤄가 사장을 맡고 있던《구망일보》그리고 중국 군사위원회와 중국의 일부 요인들이 궤이린으로 옮겨오면서 조선의용대는 공동항일전선을 구축하기 위한 소통과 협력을 시도하였다. 조선의용대의 핵심 인물인 유자명은 중국의 바진巴金과 문화생활출판사를 중심으로 교류하였고, 궤이린 시민들에게《구망일보》를 적극적으로 홍보하고 판매하였다. 조선의용대는 1939년 1월 15일《조선의용대통신》을 발간하여 한국과 중국의 연합 항일 작전 수행을 위한 토론과 경험을 공유하고, 지면을 상호 비평의 공간으로 활용하였다. 이와 함께 귀모뤄와 중국 문학을 대표하는 문인들인 바진, 아이칭艾青과의 협력을 통해 3.1운동을 기념하며, 이를 궤이린 시민들에게 알리고자 1939년 3월 1일 궤이린에서 연극 〈조선의 딸〉을 공연하였다.《구망일보》1939년 3월 3일 자 보도에 따르면, 연극 〈조선의 딸〉은 일본 제국주의의 압박과 착취에 시달리던 한국인들의 반항과 망국 후의 침통함을 묘사하여 궤이린 관중들에게 큰 반향을 불러 일으켰다. 비록 〈조선의 딸〉에 출연한 조선의용대 단원들의 중국어 실력이 서툴러 중국인 관객들에게 주요 대사를 전달하지 못한 아쉬움이 있었지만, 그들은 열정적인 공연을 통해 3.1운동과 조선의용대의 활동을 알릴 수 있었다. 이로써 파시스트 제국주의 국가였던 일본에 대항하는 것이 비단 한국만의 문제가 아님을 부각시켰고, 중국의 항일 인사들에게도 높은 평가를 받을 수 있었다.

중국과의 협력이 중요하다는 것을 인식한 조선의용대는 중국의 각 단체에서 열리는 회의와 토론에도 적극적으로 참여하였다. 1939년 5월 1일에는 한중 노동자들에게 일본 제국주의 타도 협력을 제안하였으며, 같은 해 7월 7일에는 궤이린에서 조선의용대 제1구대의 반일 항전을 다룬 연극 〈반공(反攻)〉을 공연하였다. 귀모뤄는《구망일보》를 통해 조선의용대의 대민 활동을 상세하게 보도하면서 한국의 대일 독립운동 현황과 일본의 식민지였던 한반도의 실상을 알리는 데 주력하였다.

조선의용대는 반전 항일전선의 구축에도 적극적으로 참여하였다. 그들은 한국과 중국 간의 연대와 협력에 만족하지 않고 대만, 베트남 등과 연합하여 일본 제국주의에 적극적으로 대항하고자 했다. 또한 중국과의 전투에서 포로가 된 일본인들을 활용하여 일본군 내에 반전 정서를 확산시키기 위해 노력했다. 조선의용대는 "군사보다 정치, 작전보다 선전"이라는 양대 원칙을 실천한다는 취지로 1939년 6월 23일 오후 궤이린 낙군사 대강당에서 일본군 포로 21명을 위한 간담회를 개최하기로 했다. 간담회를 개최한 당일, 낙군사 대강당에는 21명의 일본군 포로 외에도 1,000여 명이 모였는데, 강당의 중앙에 놓인 3개의 긴 탁자 주위로는 궤이린의 각계 대표 1백여 명이 앉아 있었다. 대회의 주석을 맡은 이달은 개회사에서 "포로가 된 일본 형제들은 원래 선량한 사람들이지만 일본 군벌의 강요에 의하여 전장에 끌려와 중국 동포에게 총칼을 겨누게 된 것일 뿐"이라고 말하며, 조선 그리고 중국의 민중이 힘을 합쳐 공동의 적인 일본 군벌을 타도하자고 주장하였다. 뒤이어 일본 포로의 대표인 나카야마 야스노리中山泰德와 키타 요시오北義雄는 조선의용대와 중국 내빈 그리고 중국 당국의 환대에 감사를 표시하며 진정한 평화가 찾아오기를 기원한다는 답사를 했다. 대만 독립혁명당 대표 장이즈張一之는 일본이 일으킨 전쟁은 일본인과 세계 인류를 위한 전쟁이 아니라, 일본 군벌을 위한 전쟁이므로 일본 제국주의를 타도해야 한다고 주장하였다. 개회사와 답사, 장이즈의 연설이 끝난 후에는 김엽과 이두산의 연설, 일본 포로들의 공연이 이어졌다. 궤이린 낙군사 대강당에서의 일본군 포로 간담회는 평화와 인류애를 확인하는 자리가 되었다.

이와 같이 조선의용대가 대일 선전을 활발하게 전개할 수 있었던 것은 궤이린의 입지 조건이 그만큼 적합하였기 때문이다. 궤이린은 중국 군정부 제2포로 수용소로 가는 길목에 위치하고 있었다. 그렇기에 일본군 포로의 중간 집결지가 된 궤이린에 일본군 포로가 10여 명 내외로 모이면 제2포로수용소로 보냈다. 궤이린에서는 일본군 포로 교육을 위해 중국 측에서 일본어 훈련반을 구성 및 운영하였고, 그 외의 여러 분야에서 일본군 포로들을 활용하여 반전 조직을 만들고자 했다.

중국 측의 일본 포로들을 활용한 반전 운동에 조선의용대도 적극적으로 참여하였다. 1939년 6월 계림에 일본군 제3포로수용소를 설립하게 되었는데, 이곳의 관리원은 주세민이었다. 주세민은 1939년 7월 3일 저녁 계림방송국에서 일본어로 일본 사병들을 향해 선전방송을 진행하였다. 그는 방송에서 일본이 일으킨 침략전쟁의 본질과 일본 사병들의 희생이 무의미하다는 것, 중국 항전은 정의와 평화를 위한 싸움이라는 것, 일본을 타도해야 동북아에 진정한 평화가 도래한다는 것 등을 설명하였다. 또한 조선의용대가 중국에서 창설되고 중국 항전에 참가한 첫째 목적은 한민족의 해방이며, 동시에 일본 민중의 해방을 위한 길이라고 역설하였다. 따라서 일본 사병들이 총구를 돌려 일본 군벌을 타도하는 것이 침략전쟁을 종결할 수 있는 유일한 방법이라고 호소했다. 주세민의 선전방송은 설득력 있는 연설 내용과 더불어 유창한 일본어 실력으로 일본 사병들의 마음을 움직였다고 《구망일보》는 평가했다. 당시 조선의용대원들의 일본어 실력은 반전운동을 전개하는 데 있어 중요한 수단이자 무기가 되었다. 실제로 조선의용대원들은 전선에서도 대적 선전활동을 활발하게 전개했다. 1940년 2월 장시성江西省 북부 전선에서 조선의용대 제3구대가 대적 선전활동을 통해 가오여우시高郵市를 탈환했을 정도로 그들의 일본어 실력은 엄청난 효과를 발휘하였다.

　조선의용대는 각종 선전활동뿐만 아니라 최전방에서 적과 교전하는 등 강력한 항일투쟁을 전개했다. 특히 광서 남부 전선에서 활동하였던 제3구대의 활약상은 눈부실 정도였다. 당시 중국군 제9전구는 광서와 광동을 방어하고 있었으며, 조선의용대 제3구대는 바로 전선에 투입되어 큰 성과를 거두었다. 훗날 이달은 이에 대한 내용을《구망일보》에 소개하기도 하였다.

　조선의용대는 적과의 최전선에서 용맹하게 싸움으로써 중국인들에게 강한 인상을 남겼다. 이달의 글은 앞으로 이러한 자세로 조국의 독립을 위해 헌신해야 함을 강조하고 있다. 이달의 표현처럼 조선의용대는 불굴의 정신과 열정으로 무장하였다. 조선의용대의 중국인 대원 왕지시엔王繼賢은 일제의 대한제국 강점과 통치 속에서 한국인의 불굴의 의지로 나타난 3.1운동의 의의와 영향을 언급하면서 조선의용대 역시 이러한 독립운동 정신을 계승하여 탄생한 것이라고 파악했다. 덧붙여 조선의용대의 활동은 3.1운동 당시 순국한 선열들의 독립운동 정신을 이어나가는 것이며, 나아가 일본 제국주의 타도를 위해 제2, 제3의 3.1운동을 일으키려고 한다고 했다. 특히 조선의용대원 가운데 여럿이 3.1운동에 직접 참여한 경험이 있으므로 이를 자산으로 삼아 더욱 강렬한 항일투쟁에 앞장서는 사실이 결코 우연이 아니라고 강조하였다.

　조선의용대의 대적 활동이 활발하게 진행될수록 그 위상은 더욱 높아져 갔다. 조선의용대는 중국항전을 통해 독립을 쟁취해야 한다는 본래 사명을 분명히 했다. 대적 선전공작은 조선의용대의 위상과 직결되는 것이었다. "전투가 곧 선전이다"라는 의식은 일본 사병들을 투항시키기 위해 전선에 참여할 수밖에 없는 조선의용대원들의 절박한 사정을 대변했다. 중일 전쟁 이후, 조국 광복에 대한 조선의용대의 열정과 중국인들의 공감대가 형성되면서 한중에서 항일의 역량이 크게 신장된 것은 부정할 수 없는 사실이다. 그 중심에 조선의용대가 있었다고 해도 과언이 아니다. 다시 말해 조선의용대는 반일투쟁에 있어 한국과 중국 두 민족의 연합전선 구축이라는 전략적 필요의 산물이었다. 따라서 중국과의 합종은 그들의 최종 목적을 이루기 위한 과정이었으며, 그들은 조국 독립이 지상 명제임을 결코 간과하지 않았다. 조선의용대는 중국 항전에 참가함으로써 조선의용대가 궁극적으로 한국의 해방을 목적으로 성립하였음을 분명히 하였다. 조선의용대 발대식을 당시 중국의 국경일이었던 쌍십절에 가진 이유 역시 한국의 독립을 쟁취하려면 중국의 지원과 한중 연합전선이 필요하다고 판단했기 때문이다. 그로 인해 조선의용대는 중국 각 단체와의 회의 및 토론에도 적극적으로 참가하는 등 열의를 보였으며, 조선민족전선연맹의 선언문을 통해 한중 공동항전의 의지도 분명하게 드러냈다. 《구망일보》에 게재된 주요 부분을 정리하면 아래와 같다.

> 일본파시스트 강도집단이 내건 동아신질서의 구호를 철저히 파괴하고 대신 우리 손으로 진정한 신질서를 건립해야만 한다. 중국이 항전에서 승리하고 조선이 독립을 완성하며 대만이 자유를 회복하는 날이 바로 진정한 신질서가 수립되는 날이다. 여기에서 한걸음 나아가 우리는 혁명적 역량을 발휘하여 파시스트 강도집단에게 압박받는 무고한 일본인민대중을 수렁에서 건져내 동아 평화를 위한 기초를 다져야 할 것이다. 이것이 바로 우리가 세우려는

신질서이다. 중한 두 민족이 연합하여 일본파시스트 강도집단의 동아신질서를 파괴하자.

특히 3.1운동을 기억하고 이를 통해 보다 강렬한 항일투쟁을 전개해야 한다고 했던 조선의용대는 3.1운동 20주년을 기념하면서 「중국 동포에게 고함」이라는 글을 발표한다. 이 글을 통해 3.1운동이 한민족독립운동의 총화이며 정의의 분노를 폭발시킨 것이라고 하면서, 중국의 항일투쟁에 한국 청년들이 참여하고 있음을 강조하였다. 덧붙여 한국의 청년들이 독립된 무장대오를 조직하여 중국인과 함께 일본 파시스트 강도 집단을 향해 진격해야 한다고 했으며, 나아가 한국인과 중국인은 동일한 전선에 서서 생사를 같이할 동맹자라고 평가했다. 조선의용대는 중국군사위원회의 지원을 받으면서 활동했다. 그렇기에 중국과의 협력은 필수적 요소였다. "중국항전 승리 만세", "조선민족해방 만세"라는 조선의용대의 구호에서 그들의 현실적인 입장을 짐작할 수 있다.

한편 조선의용대는 노동자들을 대상으로도 한중 연합을 주장하였다. 1939년 5월 1일 국제노동절을 기념한다는 취지로 한중 노동자들이 연합하여 공동의 적인 일본 제국주의를 타도할 것을 요청했다. 조선의용대는 한국 전체 노동자들을 대표하여 중국 노동자들과 함께 세계 평화를 쟁취하기 위해, 중국의 항전과 한국의 독립과 자유를 쟁취하기 위해 끝까지 항전할 것을 결의했다.

1939년 7월, 중국의 7.7항전 2주년을 맞이하여 궤이린의 각 선전 단체는 대규모 공연을 계획하였다. 그중에서 조선의용대는 계림중학 대강당에서 조선의용대 제1구대가 전선에서 펼친 활동에 대한 연극을 공연하였다. 중국 측의 각종 행사에 적극적으로 참여하여 한중 연합전선을 더욱 강력하게 구축하고자 했던 그들의 활동은 중국인들의 마음을 움직이기에 충분하였다. 조선의용대 정치조 조장 김성숙金星淑은 궈모뤄와 샤옌이 궤이린에서 학생들을 상대로 훈련을 실시할 때 조선의용대의 상황을 설명하기도 했는데, 이는 조선의용대와《구망일보》가 한중 연대의 상징으로 인식되는 대목이기도 하다.

궈모뤄와 조선의용대 간의 연대, 그 의의는?

조선의용대의 성립 선언문에는 "한중 민족이여 연합하라"라는 문구가 들어가 있다. 궈모뤄의《구망일보》와 조선의용대의 연대는 조선의용대 성립 선언문에 나온 대로 한중 민족의 연합을 통해 중국과 한국이 일본 제국주의에 대항하기 위한 군사 협력과 문화 협력을 추진했다는 데 의의가 있다. 특히 궈모뤄는 1919년 조선을 방문한 경험을 토대로 소설 「목양애화」를 출간하고, 이후로도 한국의 항일 투쟁과 한국인들에 대한 애정을 가지고 있었다. 이러한 점들은 의열단 인사들 중심의 무장투쟁단체인 조선의용대에 대한 지원과 협력을 추진하는 데도 긍정적으로 작용하였다. 조선의용대는 궈모뤄를 비롯한 중국 문인들의 지원을 활용하여 중국의 항일전쟁에 동참했을 뿐만 아니라, 궤이린을 중심으로 한국과 중국의 노동자들 간 연대를 시도하였다. 또 연극 공연을 통해 한국의 독립운동을 알리고, 조선의용대의 활동에 대한 중국인들의 지지를 이끌어 내는 데 성공하였다.

귀모뤄와 조선의용대 간의 연대 외에도 한국과 중국은 1930년대부터 1945년까지 일본 제국주의에 함께 대항하면서 협력했던 역사를 공유하고 있다. 그러나 일본 제국주의에 대항하기 위한 양국 간 연대의 역사와 기억은 다수의 국민들에게는 잘 알려져 있지 않다. 한국과 중국 간 항일 투쟁 협력의 역사와 기억을 양국의 국민들이 각급 교육기관의 교과서 및 수업과 도서, 영화, 연극, TV 드라마 등의 문화콘텐츠를 통해 쉽게 접하고 함께할 수 있다면, 양국 간의 우호 협력을 지속하는 데도 도움이 될 것이다.

5

위빈
추기경, 교육가, 문화사업가, 민간외교의 기재

김영신 | 원광대 동북아시아인문사회연구소 HK연구교수

출생과 성장기 교육

위빈于斌(1901. 4. 13.~1978. 8. 16.)은 중국의 변방 헤이룽장성黑龍江省 란시현蘭西縣에서 태어났다. 위빈이 5살 때 그의 부친은 토비들에게 납치되었다. 거액의 몸값을 지불하고 풀려나기는 하였으나, 가산을 탕진한 부친은 심한 우울증을 앓다가 위빈이 6살 때 사망한다. 뒤이어 상심을 이기지 못한 모친도 7살 때 사망했다. 그는 조부모의 극진한 보살핌 속에 별 어려움 없이 성장하였지만, 일찍이 부모를 잃은 비통함 탓인지 조숙하고 사려 깊은 아이였다.

9살 무렵 초등소학교에 입학한 위빈은 1년을 공부한 뒤 사숙으로 돌아와 중국식 전통교육을 받았다. 그는 매일 스승으로부터 사서오경을 배우며 중국문화의 기본정신을 흡수했다. 11살 때 할아버지를 따라 고향 인근의 하이룬현海倫

縣 요셉촌若瑟屯으로 이주하여 고등소학교에 입학했다. 가족의 이주는 위빈의 일생에 지대한 영향을 미쳤다.

1902년 파리외방선교회 루빈 신부Rev. Roubin가 선교를 위해 정착하면서 생겨난 요셉촌은 위빈 일가가 이사할 당시 이미 헤이룽장 최대의 천주교 교우촌으로 이름을 떨쳤다. 이 마을 주민 수백 호는 대부분 독실한 천주교 교우였다. 공동의 신앙을 가진 주민들은 토비들의 습격에 맞서거나 지방의 안녕을 유지하는 데 힘을 합쳤다.

천주교 교리를 바탕으로 호조우애互助友愛하는 마을 분위기에 감명받은 할머니가 먼저 세례를 받아 자연스럽게 천주교에 입교한 위빈은 '바올保祿'이라는 세례명을 받았다. 그는 14살 때 천주교에 입교한 뒤 예수에 앞서 광야에서 설교한 세례자 요한을 흠모한다는 의미에서 야성野聲이라는 호를 스스로 지어 가졌다. 16살 때는 프랑스인 신부의 도움으로 치치하얼齊齊哈爾에 소재한 헤이룽장 성립 제1사범학교에 입학했다.

그가 18살 때인 1919년에 발생한 '5·4운동'의 영향은 치치하얼에도 미쳤다. 제1사범학교 학생 대표로 뽑힌 위빈은 헤이룽장성총대표로 추대되었다. 학생대회의 주석을 맡아 가두시위를 영도하였고, 이로 인해 학교에서 쫓겨나자 귀향했다. 귀향 후 포목가게 점원으로 일하면서 더욱 신앙심을 키운 그는 성직자의 길을 걷기로 결심한다. 가족들은 독자인 그가 성직자가 되면 대가 끊어질 것을 염려해 찬성하지 않았다. 그럼에도 위빈의 조모는 그를 적극적으로 후원하여 지린시吉林市에 새로 생긴 초급 교육기관인 선뤄학원神羅學院에 입교했다.

신학원생 위빈을 높이 평가한 가스페Auguste-Ernest-Désiré-Marie Gaspais(중국

명 까오더후이高德惠) 주교는 위빈을 근대 중국 최초의 사립대학이자 천주교와 인연이 깊은 전단대학震旦大學 예과에 진학시켜 프랑스어를 익히도록 했다.

로마 유학과 세 개의 박사학위

위빈은 전단대학을 졸업한 후 선뤄학원으로 돌아와 철학과 신학을 공부해 1924년 로마 우르바노대학Pontificia Università Urbaniana으로 유학길에 올랐다. 1627년 교황 우르바노 8세에 의해 세워진 우르바노대학에는 각국에서 수많은 학생이 모였다. 그 사이에 중국 학생이 자리하고 있었다는 사실만으로도 신학생 위빈에게 거는 기대가 적지 않았음을 보여 준다.

위빈은 1925년 성토마스학원Academy of St. Thomas에서 철학박사 학위를 취득하고, 1929년 우르바노대학에서 신학박사 학위를 취득했다. 1933년에는 이태리 국립 페루자대학R. V. Perugia에서 정치학박사 학위를 취득했다. 불과 몇 년 사이에 위빈이 취득한 세 개의 박사학위는 그가 얼마나 열정적으로 학문에 정진하였는지를 보여 주는 증거이다.

우르바노대학에 재학 중이던 그는 1928년 12월 22일 사제로 서품되어, 다음해 졸업한 후에도 학교에 남아 새로 입학한 중국인 수사修士들에게 국학國學을 가르쳤다. 1929년 교황청에서 아비시니아(현 에티오피아)에 특사단을 파견할 당시, 교황 비오 11세Pius XI에 의해 특사단원에 포함된 위빈은 이때부터 국제사회에 이름을 알리기 시작했다. 중국인들도 점차 그의 범상치 않은 존재에 주목하고 있었다.

9·18사변이 발생한 1931년, 그는 로마에 머물고 있었다. 위기에 처한 조국을 도울 방도를 찾던 그는 중국·이태리 우호회를 앞장서 조직하고 부회장을 맡았다. 이 단체는 이태리 조야와 연계하여 중국의 존재와 당시의 상황을 널리 알리고, 이태리인들의 성원을 이끌어 내는 데 활동의 주안점을 두었다. 그 활동을 장려하는 차원에서 에마뉴엘Victor Emmanuel 이태리 국왕은 위빈에게 훈장을 내렸다. 위빈의 일생을 언급할 때 빼놓을 수 없는 수식어인 '민간외교의 기재'라는 미명美名은 이로부터 비롯되었다.

귀국 후의 사목 활동과 주교 임명

위빈이 로마에 거류한 지 10년이 되어 가던 1933년, 교황청은 그를 교황청 대사에 임명하고자 했다. 하지만 위빈은 귀국하여 선교사업에 매진하고자 하는 뜻을 전하며 대사 임명을 완곡히 사양했다. 그해 겨울, 초대 중국주재 교황사절인 코스탄티니 대주교Celso Costantini(중국명 깡헝이剛恆毅)의 추천으로 위빈은 공교진행회Catholic Action(公敎進行會) 총감독에 임명되어 귀국했다. 주요 임무는 중국 천주교회의 뿌리를 튼튼히 하고 교우들을 배양하는 데 있었다.

이 외에도 위빈은 귀국 후에 교황청 주중대표공서의 비서 및 천주교에서 설립한 푸런대학輔仁大學의 이사와 윤리학 교수 등을 겸했다. 귀국한 다음해에는 전국공교학교총시찰全國公敎學校總視察에 임명되어 본격적인 선교와 교화사업에 나섰다.

본격적인 선교사업에 나선 위빈은 선교사업에 대한 일반인들의 주의를 환기시키고, 예수의 이름을 중국 사회의 구석구석에 알리는 일을 최우선으로 정했다. 이를 위해 먼저 '화북공진회 하계훈련반'을 개설하여 교도들을 훈련시켰다. 아울러 대중 매체를 통해 교회의 소식과 정보를 사회에 널리 전파하기 위해 《신북진(新北辰)》,《공교부녀(公敎婦女)》등 각종 잡지를 발행하고, 푸런대학의 출판물인 《반석(盤石)》잡지를 공교진행회 청년부 간행물로 개편하는 등 사회활동을 활발히 진행했다.

그는 '전국공교학교총시찰'로서의 직무를 수행하기 위해 전국 각 교구를 분주히 순방했다. 천주교회에서 설립한 학교들을 시찰하는 한편, 지방교회들의 학교 신설을 도왔으며, 그와 동시에 공교진행회 각 교구 분회 성립도 촉성했다.

1935년 9월 8일, 공교진행회 제1차 전국대표대회가 상하이上海에서 개최되었다. 당시 회의에는 1천여 명에 달하는 주교, 신부, 각 분회 대표가 출석했는데, 명나라 말엽 천주교가 중국에 본격 전파된 이래 가장 성대한 집회였다. 위빈이 대회 비서장(사무총장)으로 추대된 것은 귀국 후 그가 이어온 사회활동과 선교사업에 대한 성과가 긍정적인 평가를 얻었음을 보여 준다. 그 당시 정세는 일본의 대중국침략전쟁이 본격화되기 직전이었다. 위빈은 국난이 멀지 않았음을 예견하고 '비행기 헌납 운동'을 발기하여 대대적인 모금 운동을 주도했다. 이를 계기로 천주교도들은 애국 정신이 부족하다는 편견과 오해가 다소간 해소되었다.

1936년 7월 17일에는 난징대목구代牧區 주교에 임명되었다. 이는 중국 천주교의 선교사업 혹은 중국의 국제관계에서 매우 중요한 의미를 갖는 인사였다는 평을 받는다. 명나라 말엽인 1599년에는 이태리 출신의 예수회 선교사 마테오 리치Matteo Ricci(중국명 리마더우利瑪竇)가 난징성 내에 조그마한 교당을 세우고 선교에 나섰다.

청나라가 중국의 주인이 된 후인 1658년부터 난징은 중국 천주교 교무활동의 중심으로 자리했다. 이후 중국 천주교의 역사와 환경에 많은 변화가 있을 때도 난징이 차지하는 위치는 변함이 없었다. 중화민국이 난징을 수도로 정하면서부터 난징대목구의 중요성과 상징성은 더욱 도드라졌다. 위빈이 난징대목구 주교에 임명된 것 역시 바티칸이 얼마나 그를 중시하였는지를 보여 주는 증거라 하겠다.

주교에 임명된 지 1년이 지난 1937년 7월 7일, 중국과 일본 사이에서 전면전이 폭발했다. 애국 열정이 충만했던 위빈은 전국의 교우들에게 예수의 정신을 이어받아 국난을 헤쳐 가는 데 힘을 모으자고 호소했다. 성당, 신부, 교우 등 전국 각지의 교회조직들은 이에 적극 호응했다.

민간외교활동

라틴어, 영어, 독일어, 불어, 스페인어, 포르투갈어 등 11종 언어에 능통하였던 위빈은 언변이 뛰어나고 조직과 기획 능력이 탁월하다는 평을 들었다. 천주교 성직자라는 특수한 신분은 중일전쟁 당시 민간외교활동을 벌일 때 접촉하였던 구미 각국 인사들을 움직일 수 있는 '무기'였다. 그가 가진 이런 장점들은 중일전쟁 시기에 펼친 민간외교활동이 탁월한 성과를 거둘 수 있었던 원동력으로 작용했다.

위빈은 중일전쟁 시기 정부의 요청으로 여덟 차례 출국하여 민간외교활동을 펼쳤다. 그는 유럽과 미국의 2백여 도시를 돌며 구미 각국의 중요 지도자와 일반인들을 만나면서 일본이 중국을 침략한 진정한 의도를 폭로하고, 국제사회를 현혹시키는 일본의 기만적 선전을 조목조목 반박했다. 그가 전시에 펼친 민간외교의 핵심은 중국의 항전에 대한 구미 각국의 동정과 지지를 얻고, 난민 구제 등 실제적인 도움을 이끌어 내는 데 있었다.

그는 정부의 요청으로 1937년 9월부터 중국 항일전쟁의 정당성과 합리성을 널리 알리는 민간외교활동을 전개했다. 첫 번째 무대는 로마였다. 주교라는 종교적 지위와 10년 가까이 로마에서 생활하며 맺은 광범위한 사회관계를 적극 활용했다. 그의 민간외교활동으로 인해 바티칸은 장차 국민정부와 공식 외교관계를 건립할 것이라고 밝히며, 교황청 주중대표공서도 계속 유지할 것을 약속했다.

중일전쟁 기간 일본의 무차별적인 살육과 약탈이 이어지면서 수많은 난민이 발생했다. 난민 구제를 위해 국민정부는 1938년 중국재민진제위원회中國災民賑濟委員會를 조직했다. 출범 직후 위원회는 세계 각국을 상대로 구제 원조 활동을 전개하고자 위빈에게 대표단 대표를 맡아줄 것을 청했다.

위빈이 출국을 앞두고 있을 때, 미국의 일부 친일파 인사들은 성직자인 위빈이 미국에서 정치적인 발언을 해서는 안될 것이라며 여론을 조성했다. 하지만 위빈은 이에 개의치 않고 로마에 들러 교황에게 도움을 청했다. 교황은 "난민 구제를 위한 당신의 활동에 도움을 주는 이는 하느님께서 내려 주시는 복을 받게 될 것"이라고 화답했다. 위빈은 교황과의 담화 내용을 기자들에게 넌지시 흘렸고, 신문 보도를 통해 소식이 널리 전해졌다. 이는 미국에서의 활동이 순조롭게 진행될 수 있는 밑거름이 되었다.

위빈은 각 도시에서 순회강연을 하며 미국 조야가 중국 난민을 위해 구원의 손길을 내어줄 것을 호소했다. 위빈이 내건 "1달러의 구호금으로 중국 난민이 한 달을 버틸 수 있다"라는 감동적인 구호는 커다란 반향을 불러일으켰다.

중국의 전통문화를 각국에 소개하는 데도 주목했다. 특히 미국에서의 활동이 상당한 성과를 거두었다. 1938년 방미 기간 워싱턴에서 중화문화협회Institute of Chinese Culture 성립을 발기했다. 문화협회는 후버Herbert Clark Hoover 전 대통령 등의 재정적 지원을 받아 성립되었다. 성립 후 문화협회는 영문 잡지 *China Monthly*(中國月報)를 간행했고, 좌담회와 강연회 등을 통해 전통문화를 소개하고 중미 양국 간의 문화 교류를 촉진하여 중국에 대한 인식과 이해를 깊이 하는 데 공헌했다. 아울러 워싱턴에 '중국문화학원'을 세워 항일선전을 주도했다.

문화협회의 활동은 중일전쟁 후기 국민정부에 대한 미국의 직접적인 지원을 이끌어 내는 과정에서도 큰 작용을 했다. 장기간의 항전으로 경제적 어려움이 극심하였던 중국은 미국의 재정 지원과 차관을 얻기 위해 다방면으로 노력을 경주했다. 마침 당시 미 재무장관이 천주교도인데다 위빈과 교분이 있었다. 위빈의 적극적인 노력 결과 중국은 뜻하는 바를 얻을 수 있었다.

중일전쟁이 끝나기 직전까지도 위빈의 민간외교활동은 계속되었다. 그의 족적은 미국·영국·프랑스·이태리·벨기에·캐나다 등 중요 서방국가에 고루 미쳤다. 여정은 20만 Km에 달했다. 적극적인 민간외교활동을 통해 가시적인 성과를 거둔 위빈은 일본에게 눈엣가시와 같은 존재였다. '만주국'의 경내에 있던 숙부는 1941년 체포되어 살해되었고, 위빈에게는 20만 엔의 현상금이 걸리기도 했다.

외교활동은 '항일 구국'에만 국한되지 않았다. 1944년 이전까지 미국 거주 화교는 영주권을 가질 수 없었으며 부동산 소유도 불가했다. 미국에 입국하는 중국 남성은 기혼자라 할지라도 부인을 동반할 수 없었다. 미국 이민법 수정을 위해 하원의장 및 국회의원들과 접촉하여 중국인의 입국과 국적 취득의 제한을 풀도록 했다. 캐나다 이민법의 수정에도 영향을 미쳤다. 이민법 수정 후 중국 여성의 캐나다 이민이 허용되었다. 이로써 캐나다에 거주하고 있던 중국 남성들이 가정을 꾸릴 수 있었다.

전시 민간외교활동은 중국 국내에서도 진행되었다. 당시 중국에는 한국·월남(베트남)·필리핀 등 아시아 약소 민족국가의 지사들이 각국의 독립 자주와 아시아의 앞날을 위해 분투하고 있었다. 이 인사들과 폭넓은 교류를 진행하였고, 이렇게 다져진 우의는 전후 중국이 아시아 여러 나라와 공식적인 외교관계를 수립하는 데 큰 도움이 되었다.

1942년 10월 11일, '한중문화를 발양하여 양민족의 영구합작을 강화함','한중호조를 촉진하여 동양의 영구평화를 수립함'을 종지로 한 중한문화협회 성립식이 한·중 두 나라 인사 4백여 명이 운집한 가운데 충칭重慶방송국에서 거행되었다. 평소 한국 독립운동에 대한 지원과 지지를 아끼지 않았던 위빈도 성립식에 참가하였고, 협회의 명예이사로서 한국의 독립운동에 지대한 관심을 기울였다.

민간외교활동은 중화민국 정부가 타이완으로 파천한 뒤에도 계속되었다.

1952년 5월, 스페인 바르셀로나에서 국제성체대회國際聖體大會가 열렸을 때 위빈은 스페인 외무장관을 만나 복교復交를 촉성하고 중국학원中國學院 창립을 실현시켰다. 스페인 정부가 재정 지원한 중국학원은 홍콩·마카오·타이완 출신 유학생을 받아들이고 이들에게 장학금을 지급하였다. 같은 해에는 뉴욕에 중미연의회Sino-American Armity(中美聯誼會) 성립을 주도했다. 이 단체는 중미 쌍방의 우의를 촉진하는 한편으로 미국에 유학 중인 타이완 출신 학생들에게 다양한 형태의 도움을 주었다.

1955년에는 필리핀과 월남을 잇달아 방문했다. 이 기회에 필리핀과의 합작, 월남과의 복교를 촉성했다. 아울러 아시아 각국의 반공 인사들과 연합하여 뉴욕에 본부를 둔 '자유태평양협회'를 창립했다. 이 협회는 타이완·월남·일본·한국 등 태평양 연안 민주국가에 분회를 두는 한편, 신문과 잡지를 발행하고 강연단을 조직하여 각국을 돌며 공산 세력의 급속한 확장을 저지하기 위한 다양한 활동을 펼쳤다.

교육가, 문화사업가로서의 활동

벨기에 출신의 뱅상 레브Vincent Lebbe(중국명 레이밍위안雷鳴遠) 신부는 1901년 중국에 도착 텐진天津의 한 성당에서 사목하면서 여러 학교를 설립하여 천주교도는 물론 일반인들에게도 교육의 기회를 제공했다. 1915년에는 대중 종합일간지 《익세보(益世報)》를 창간했다. 이 신문은 사람들을 계몽하고 신문을 통해 선교하고자 발행한 것이다.

창간 이래 줄곧 톈진에서 발행되었던 이 신문은 중일전쟁 발발 직후인 1937년 9월 15일 일본군에 의해 정간 조치되었다. 1938년 12월 8일, 위빈은 레브 신부의 요청으로 쿤밍昆明에서 《익세보》를 재발행했다. 1940년 3월 24일에는 중국의 전시수도 충칭으로 발행지를 옮겼다. 중국 근대 '4대 신문'의 하나로 평가받는 《익세보》가 전시에도 발행될 수 있었던 것은 전적으로 위빈의 활약 덕분이었다. 그는 《익세보》 재발행 외에도 중일전쟁기 국내외에서 다양한 출판물 간행을 주도하여 항전 투쟁의 정당성과 중국항전에 대한 세계인의 관심과 지원을 촉구했다.

위빈은 '중국천주교문화협진회' 성립에도 주도적인 역할을 했다. 문화선교 사업을 펼치기 위해 조직한 이 단체의 이론사상은 중국문화에 뿌리를 둔 천주교 신앙을 건립하는 데 있었지만, 실제로는 지식 수준이 높은 천주교도를 결집하여 항전 투쟁을 지지하고 지원하는 각종 사업을 진행하는 활동에 중점을 두었다. 이외에도 인생철학연구회, 중국종교도연의회 등 기구 조직에 선도적인 역할을 담당했다. 후자는 각 종교의 역량을 결집하고 단결시켜 일제의 침략에 저항하고 사회의 협화를 이루는 것을 목표로 했다.

천주교 푸런대학은 1923년 당시 교황이던 비오 11세가 10만 리라를 지원하면서 설립이 준비되었다. 1925년 문을 연 이 학교는 바티칸과의 특수한 관계 때문에 중일전쟁 기간 베이핑北平에 있는 대학과 전문학교 가운데 일제가 접수하거나 통제하지 못했던 유일한 학교였다. 1949년 중화인민공화국이 종교학교의 운영을 금지하면서 푸런대학도 문을 닫게 되었다.

1959년 교황 요한 23세Sanctvs Ioannes XXIII는 푸런대학 복교復校를 '중국 교회사상의 보루'를 중건하는 사업으로 간주하고 위빈에게 복교 준비와 이를 위한 경비 마련 등 관련사무를 책임지도록 했다. 교황에 의해 복교 전 이미 초대 교장(총장)에 지명된 위빈은 재원 마련을 위해 세계 각지를 돌며 노력했다. 그 결과 타이베이臺北 인근에 교사를 신축한 푸런대학은 1961년 정식으로 복교했다. 위빈은 1978년 7월 15일 사직하고 8월 2일 대학총감독으로 전임하기까지 20년 가까이 교장직을 유지하며 학교 발전을 위해 힘을 쏟았다.

중국 전통문화와 천주교의 융화를 위한 노력

중일전쟁이 승리로 끝나고 1945년 9월, 위빈은 미국을 떠나 난징으로 귀환했다. 1946년 4월 11일, 교황청은 중국 천주교에도 정상적인 성통제聖統制(교계제도)를 건립하기로 하였음을 선포했다. 이에 따라 위빈이 난징대교구 대주교에 임명되었다.

제2차 세계대전에서 연합국의 승리가 기정사실화된 1944년, 위빈은 교황청에 중국인 주교 가운데 추기경이 임명될 필요성을 역설했다. 위빈의 건의에 따라 중일전쟁이 끝난 후인 1946년 2월 18일 텐경신田耕莘 주교가 중국인으로서는 처음이자 동아시아 출신의 첫 번째 추기경에 서품되었다. 텐경신 추기경은 1967년 7월 24일 선종했다. 이에 교황 바오로 6세Paul VI는 1969년 4월 28일 위빈을 중국 출신의 두 번째 추기경에 임명했다. 5월 19일 바티칸 성베드로대성당에서 거행된 서임식에서 위빈은 새로 축성된 모든 추기경을 대표하여 답사를 했다.

난징대교구 대주교 시절의 위빈
출처: Wikimedia Commons

그는 추기경에 서임된 뒤 중국문화와 천주교 신앙의 결합을 대대적으로 추진했다. '제천경조敬天敬祖' 운동을 널리 펼친 것이 그의 대표적인 활동이다. 1939년 12월 8일, 교황청은 중국 천주교도들에게 가해졌던 공자 숭배, 제천, 조상 제사 등에 대한 금령을 해제하였다. 이로써 3백여 년간 중국 천주교회의 최대 쟁점이었던 전례문제典禮問題가 일소되었다. 이 과정에서 위빈의 역할이 상당히 강하게 작용하였다. "인류문화의 근본은 하늘의 도리에서 연원한다"고 인식한 위빈은 중국 전통인 제천의례의 회복을 주장하고 이를 실행에 옮겼다.

1971년 1월 27일, 음력 새해 첫날 위빈은 타이베이 사범대학 부속중학교 강당에서 첫 번째 제천경조 의식을 집전했다. 지금도 전 세계 중국인이 모이는 성당에서는 이 의식을 계속 진행하고 있다. 제천경조 의식은 중국의 전통에 부합하면서도 천주교와 중국문화의 융합을 보여 주는 것으로 복음 전파에 유리하다는 평을 받고 있다.

1978년 8월 6일 교황 바오로 6세가 선종했다. 전 세계의 추기경들이 교황의 장례에 참석하고, 새 교황을 선출하기 위해 바티칸으로 모였다. 그런데 새 교

위빈의 묘비
출처: 야후

황을 선출하기 위한 정식 투표를 앞두고 8월 16일, 위빈은 심장 발작으로 사망
했다. 93명의 추기경과 전 세계에 파견된 교황 대사들이 그의 장례에 참가했다.
위빈의 유해는 26일 타이완으로 운구되어 28일 푸런대학 교내에 안장되었다.

6

디아스포라 전병훈
동·서양 문명을 조제하다

김성환 | 군산대 철학과 교수

전병훈의 정신철학

　서우曙宇 전병훈全秉薰(1857~1927)은 서양철학을 가장 먼저 접한 한국인 중한 사람이었다. 하지만 그는 젊어서 유학자의 길을 먼저 걸었으니, 관서 지방의 명유名儒였던 운암雲菴 박문일朴文一(1822~1894)의 문하에서 성리학을 수학했다. 박문일은 조선말 척사위정의 대명사였던 화서華西 이항로李恒老(1792~1868)의 문인이었으며, 전병훈을 비롯해 박은식朴殷植(1859~1925) 등이 그 문하에서 수학했다. 전병훈은 일찍이 고향인 평안도 일대에 존도재尊道齋 64곳을 구축해 1천 명에 달하는 선비를 양성하는 등 정통 성리학의 보전에 열심이었다. 또한 그는 36세이던 1892년 의금부 도사都事로 첫 벼슬에 올라 관료의 길을 걸었다. 1904년 정3품 통정대부通政大夫에 올랐으며, 1905년부터 부령군수富寧郡守로 재직하다

전병훈
출처: 精神哲學通編

가 1907년 중국으로 망명했다. 그러나 1905년 일제가 을사조약을 강제로 체결하고 1907년 고종을 폐위시키자, 이에 분개한 전병훈은 50세의 나이에 일본을 거쳐 중국으로 망명했다. 1907년 10월 교육 시찰을 명목으로 전병훈이 일본으로 건너가자 군부대신 등의 고관들은 그에게 누차 만찬을 베풀며 회유했다. 하지만 그는 "약자를 돕고 망하는 자를 지켜주는 공명功名이 남을 멸망시키는 악명惡名보다 낫지 않겠는가?"(「全成菴夫子實行隨錄」, 『全氏總譜總錄』, 全氏大同宗約所, 1931)라는 경고의 말을 남기고 상해上海로 망명했다. 그렇게 중국으로 건너간 전병훈은 그의 인생을 송두리째 뒤바꾼 두 방면의 사상적 격변을 겪는다. 첫 번째는 서양철학을 접한 것이고, 두 번째는 도교 내단학을 연마한 것이다.

19세기 후반 청나라가 중영전쟁에서 패하고 뒤이어 청일전쟁(1894~1895)마저 패하자, 깊은 위기 의식에 휩싸인 중국 지식인들은 20세기 초부터 본격적으로 서양철학에 눈을 돌렸다. 영국에서 유학하고 돌아온 옌푸嚴復 등이 서유럽의 학술과 사상을 활발히 번역하며 소개하였는데, 이런 시대의 격랑 한복판에서 전병훈은 옌푸를 비롯한 지식인들과 교류하고 번역서를 읽으며 서양철학을 접했다. 또한 그는 도교 이론을 연구하고 내단학을 몸소 연마했다. 전병훈은 조선에서 성리학에 투철한 전형적인 유학자로, 도교와 불교를 이단으로 배척하는 풍조에 젖어 있었다. 그는 중국으로 망명해서 금릉金陵(지금의 남경南京)을 거쳐 광동廣東으로 이주하면서 비로소 도교를 본격적으로 연구한다.[1] 그가 말했다.

> 내가 본래 유학을 업으로 삼았으나 나이 50이 되도록 성취가 없고 도가 응결되는 효험을 보지 못했다. 그러다가 동월(東粵, 지금의 廣東)을 떠돌며 『주역 참동계』를 연구했다. 하지만 스스로 해득하지 못하다가, 마침내 나부산 羅浮山에 들어가 참 스승인 구쿵찬古空蟾 선생을 만났다.(『精神哲學通編』, 「緒論」)

전병훈은 1907년 망명 후 금릉에 잠시 머물다가 1909년 광동으로 이주했으며, 1910년 봄에 나부산에서 처음 구쿵찬을 만났다. 이런 일련의 과정을 통해 그는 조선에서 이단으로 배격하던 도교를 재발견했다. 그는 도교의 본질이 내단학에 있으며, 그 심오하고 아름다운 정수 단순한 신체단련 [기공]이나 종교를 넘어서 인간 정신을 순수하게 응결하고 그 자유를 최고도로 고양한다는 것을 이해하고 또한 몸소 체득했다. 하지만 도교는 또한 몇 가지 문제를 안고 있다고 보고 그 개선을 시도했다.

첫째, 도교가 신비한 은유로 표현된 기호들의 모호한 장막에 싸여 있어 접

---

1 전병훈은 망명 후 金陵에 머물다가 1909년 廣東으로 이주했으며, 1910년 봄에 羅浮山에서 처음 구쿵찬을 만났다.(김성환, 『우주의 정오-서우 전병훈과 만나는 철학 그리고 문명의 시간』, 소나무, 2016, 1116~1117쪽 참고)

근 자체가 쉽지 않음을 비판했으며, 그 장막을 걷어내고 이를 이해 가능한 철학 체계로 전환하고자 시도했다. 둘째 내단 수련의 비전秘傳이 사적으로 은밀하게 전해지는 것을 비판하고, 이를 인류가 공유하는 공공의 학술로 개조하고자 했다. 셋째, 도교 내단학이 개인 차원의 양생 내지는 성선成仙에 그치는 폐단을 비판하고, 도교의 정신철학을 골간으로 유교와 불교 그리고 서양철학까지 포괄하는 통합적인 철학을 건립하고자 했다. 그는 「정신철학」, 「심리철학」, 「도덕철학」, 「정치철학」의 4대 철학으로 이론 체계를 구성했고, 그 전체를 아울러 1920년 북경北京에서 『정신철학통편(精神哲學通編)』을 출간했다. 전병훈의 활동과 저술은 당시 중국 지성계에 상당한 반향을 불러일으켰다. 그의 중국인 제자들은 명·청대의 저명한 학자들(황종희黃宗羲·왕선산王船山·고염무顧炎武 등)과 함께, 전병훈을 28성철聖哲 등('39성철聖哲' 혹은 '26도진道眞')의 반열에 올렸다. 혹자가 칭송하기를 "조선이 개벽한 이후 4천여 년 동안 이처럼 중국인의 극단적인 찬양을 받은 이가 없었다"고 했으니, 당시 전병훈이 누렸던 높은 명망을 엿볼 수 있다. 그가 저술한 『정신철학통편』은 구미 29개 나라의 150개 대학과 미국·프랑스·스위스의 총통에게 배포되었다고 하며, 책 앞부분의 「약부제가평언서(畧附諸家評言序)」에는 캉유웨이康有爲·옌푸·왕슈난王樹枏 등을 비롯한 당대 중국 최고 지식인과 명사들의 찬사가 실려 있다. 1925년 김평식金平植과 이동초李東初가 정리한 「제가제평집(諸家諸評集)」에는 중국과 조선의 기라성 같은 학자와 고위인사 72인의 극찬이 수록돼 있다. 한 예로 캉유웨이는 이렇게 말했다.

대작을 삼가 읽으니, 정치를 말하며 필히 주례周禮의 근본에 뿌리를 두고, 양생을 말하며 필히 도가의 대의와 심오함을 거론한다. 지금 정치가 혼란하고 물질이 조악한 가운데 존귀한 논의의 정수를 얻으니, 참으로 빈 골짜기에 발자욱 소리가 울리는 듯하다. 공경해 우러르길 그칠 수 없다." 또한 말했다. "세계가 대동한 뒤에, 도술이 절로 대유행하고 날로 새로워질 것이다. 지금은 아직 그때가 오지 않았다.

- 『精神哲學通編』, 「畧附諸家評言序」

그런데 전병훈이 북경에서 활동하던 시기(1913~1927)에, 중국은 이른바 '북양北洋군벌'의 지배하에 있었다. 당시 전병훈은 위안스카이袁世凱를 비롯한 북양군벌의 역대 총통들로부터 존중받았고, 그의 제자 중 상당수가 북양 정부의 주축 내지는 조력자들이었다. 1923년 리위안훙黎元洪이 재차 대총통에 올랐을 때, 국무총리 겸 육군총장을 역임했던 장샤오증張紹曾(1879~1928)도 전병훈의 유력한 제자였다. 장샤오증은 "우리 스승의 제자들은 장군과 재상將相으로 나가는 인재들이다. 황푸黃郛(1880~1936)가 대총통의 직권을 총괄해 대리하니 사람들이 동문의 경사로 여겼다"고 말했고, 또한 "사람들이 선생을 세계의 한 구성요소로 여긴다"고 칭송했다. 대총통 리위안훙이 전병훈을 존숭하여 그의 조부를 '은일고진隱逸高眞'으로, 부친을 '자선태가慈善太家'로 추존할 정도였다.

그런데 전병훈이 세상을 떠난 다음 해인 1928년, 장제스蔣介石가 이끄는 국민당 혁명군이 북경을 점령해 북양 정부의 시대는 막을 내렸다. 그 시대는 훗날 군벌의 폭정으로 중국의 근대화가 지체된 혼란기로 기록되었고, 전병훈과 그의 철학 역시 사람들의 뇌리에서 멀어져 갔다. 하지만 근대 한국 지성사는 물론 동시대의 중국과 일본에서도, 전병훈처럼 복합적이고 중층적인 면모를 지닌 인물을 찾기는 쉽지 않다. 그는 전통과 근대를 넘나들고, 동서양을 통섭하고, 도교와 유교를 망라하고, 조선과 중화를 아우르고, 민족과 인류를 함께 고민하고, 학문과 교육을 병행하며, 이론과 실천을 겸비했던 철학자이자 도인이었고 교육자였다. 그는 또한 근대 이후를 준비한 미래사상가이기도 했다.

사해동포, 영구평화, 세계통일정부 헌법

낯선 텍스트나 문화를 이해하는 데 있어서, 해석자의 전통과 역사적 상황 그리고 견해가 타자를 '이해'하는 과정에 개입하는 것은 필수적이다. 전병훈의 철학은 전 지구적으로 제국주의가 담론과 현실 두 영역에서 최고도에 달했던 19세기 말부터 20세기 초에 형성되었다. 당시 동·서양인은 서로를 낯선 타자로 마주하여, 각자의 지평에서 두 세계의 지평을 모두 포괄하는 새로운 지평을 만들어내고 있었다. 그런 동아시아의 근대화를 단순히 동서 문명의 접촉을 통해 선진적인 서구 문명이 확산된 과정으로 보는 것은 순진하고 낭만적인 발상이다.

이 권역의 근대 전환기는 자유주의 이념의 확산이 아니라 퇴조의 시기에, 자유무역의 확장이 아니라 보호무역이 대두되던 시기, 평화적이고 합법적 국제 관계가 아니라 군사력을 앞세운 강권적 관계가 지배하던 제국주의 시기와 상호 조응한다.(차태근, 『제국주의 담론과 동아시아 근대성』, 소명출판, 2021, 14쪽.) 익히 알다시피,

그런 서구 열강의 현실과 담론을 일본이 일찌감치 표절하고 변용해 가장 먼저 제국주의 대열에 들어섰다. 한편 중국은 '반제국'의 저항적 민족주의에 기반하여 근대 국민국가를 건설하고자 표방했지만, 그 이면에는 제국주의를 내면화하여 '근대 제국'으로 부활하려는 은밀하면서도 강렬한 욕망이 늘 잠복해 있었다.

문제는 이런 아이러니를 망각하거나 은폐함으로써만 '반제국'을 표방하며 근대화된 강국으로 자신의 정체성을 확립할 수 있었으니, 그것이 전환기 동아시아의 지독한 역설이었다. 다시 말해 동아시아에서 근대화는 서구 제국주의의 영향을 받아 닮아가는 '서구화'와 중첩됐지만, 또한 서구 제국주의를 극복해야 '민족'의 자의식이 형성되고 성장할 수 있었다. 그렇게 민족을 자각하며 동아시아에 출현한 근대인은 서구의 극복을 말하는 동시에 서구 제국주의의 욕망, 지식, 사상을 자기화하는 역설을 기꺼이 받아들였다. 그 과정에서 서구로부터 유입된 민족주의와 진화론, 문명론 등이 근대화의 메타 담론으로 기능했다.

그리하여 일본이 근대 제국에 합류하고 중국이 근대 제국을 꿈꿨던 반면, 한국은 담론과 현실에서 전혀 다른 처지에 놓였다. 제국주의에 유린당해 식민지로 전락한 한국인(조선인)에게 '반제국'의 저항적 민족주의는 식민지 상태에 놓인 다른 모든 민족과의 연대를 의미했고, 또한 자국을 포함한 지구상의 어느 나라도 '제국'이 되는 것을 반대하는 평화주의가 각별하게 주목받았다. 물론 이와 다른 여러 입장도 공존했지만, 한국의 근대 전환기에 '반제국', '사해동포', '영구평화' 등의 담론이 유독 두드러졌던 것은 틀림없는 사실이다.

전병훈의 철학은 그 대표적인 사례 중 하나이다. 전병훈은 평생토록 도를 구하고 실천함으로써 마침내 "온 누리가 일가가 되는" 정신적 깨달음에 도달했으며, 기화氣化의 우주론을 토대로 전 인류는 물론 천지만물이 모두 형제동포라는 철학적 세계관의 근거를 세웠다. 그의 사해동포 철학은 흔히 세계주의·세계시민(만민)주의 등으로 번역되는 서구의 코즈모폴리터니즘cosmopolitanism과 조우하지만, 또한 그 결을 달리한다. 그는 같은 시기의 동아시아는 물론, 세계적으로도 매우 독특하고 창의적인 사해동포주의의 지평을 열었다.

사해동포주의는 개항기 조선 지식인의 문명개화에 대한 낙관적인 희망과 제국주의 열강의 침략과 전쟁에 대한 피식민지 주변부의 인식에서 비롯되었지만, 18세기 유럽 계몽주의 시대에 이성의 보편성을 근거로 칸트 등이 주창한 세계국가의 이상, 도교 내단학의 기화론적 우주관과 생명관, 유교의 대동사상, 한국 고유의 홍익인간 사상 등이 어우러져 하나로 용해된 철학 체계를 구성했다. 한편 그것은 하나의 신(유일신)의 섭리로 지배되는 세계를 상상하는 종교적 세계형제주의, 제국주의 단계에서 서구와 일본이 약소국을 침략하고 억압하며 세계지배를 정당화하던 세계주의나 대아시아주의, 이성의 보편성에 동양을 포함하지 못했던 (심지어 칸트와 헤겔, 마르크스 등을 포함하는) 서구의 오리엔탈리즘 그리고 최근 들어 자본의 초국가적인 독점과 이동을 토대로 세계시장의 통합을 가속화하는 세계화 등과는 문법을 달리한다.

이런 팽창적 세계주의는 특정한 종교·패권·지역(국가)·자본에 의한 세계지배를 도모하고 정당화하며, 지구적 수준에서의 불평등과 예속을 강화한다. 전병훈은 이러한 세계주의조차 긍정과 부정의 양면을 모두 가진 과정으로 파악했다. 그는 세계화의 부정적인 양상도 결국 인류가 영구히 평화와 복락을 누리는 하나의 지구촌으로 진화하는 전조前兆라고 평가했다. 즉 패권을 추구하는 분규와 전쟁이 결국 세계적 규모에서는 항구적 평화를 이끌어내는 전기轉機가 된다는 것이다. 그는 온 세계가 물질을 추구하지만, 그 극치에서 정신의 가치를 존중하는 문명으로 혁신하게 될 것으로 낙관했다. 근대 물질문명의 극한에 이르러 반드시 새로운 정신문명으로 반전한다는 것이다. 이런 반전反轉의 사상에서, 서우는 영구평화의 통일세계를 낙관했다.

전병훈은 자신의 조국이 부정적 세계주의의 희생양으로 피식민지가 되자, 근대 국민국가 건립의 대열에서 일시적으로 이탈함으로써 역설적으로 한층 보편적이고 진보(이상)적인 사해동포주의의 지평을 열게 된다. 제국주의를 확장하면서 전 세계를 지배하고자 했던 구미 각국과 일본, 아시아의 맹주로서 중화의 옛 패권을 부흥하려는 중국에서는 싹트기 어려웠던 보편적 인류애의 철학이 나라를 잃고 대륙을 떠돌던 디아스포라 조선인에게서 나온 것이다. 그는 또한 말년에 단군과 『천부경』을 존중했으며, 조선 문화의 우수성을 선양했다. 그것은 한국의 토착적 세계관과 문화를 인류 보편의 가치관으로 재구성한 것이지, 한국이 인류문명의 시원이라는 따위의 민족주의를 내세운 것은 아니다. 그는 동·서양의 풍부한 철학을 차별 없이 논구했으며, 조국의 독립과 자결自決을 소망하는 동시에 세계의 통일을 말했다.

사해동포의 인류애는 전병훈의 정신·심리·도덕·정치철학 전편을 관통하는 주제이며, 그가 예견하는 문명진화의 관건이다. 그는 가까운 미래에 인류가 사해동포의 인류애를 회복하여 세계통일과 영구평화의 신문명으로 진화할 것이라고 누차 확언했다. 그리하여 공자의 대동사상과 칸트의 영구평화론을 계승하는 '세계통일정부 헌법'을 그의 책 안에 제시하였다. 패권주의적 세계질서를 주도하던 강자(열강)의 관점에서라면, 그것은 약자의 허황한 이상주의로 보일지 모른다. 하지만 세계질서의 엄연한 일부를 이루는 주변부(약소국, 피식민지)까지 망라하는 지구촌 전체로 보자면, 전병훈의 사해동포주의가 한층 더 공정하고 보편적인 지평을 확보했다고 평가할 수도 있다.

동서양 철학 및 신구과학의 조제로 여는 신문명의 미래

전병훈은 내단수련으로 인간의 원초적인 본성 및 몸에 대한 내밀한 경험을 얻었고, 이를 통해 모든 인위적 문명이 생겨나기 이전의 순수한 '정신'을 발견했다. 그는 도교 내단학의 원리야말로 핵심적인 진리라고 확신했지만, 한편으로 비밀스러운 내단학의 원리를 정밀하고도 명료한 철학으로 승화해야 한다고 여겼다. 바로 이 지점에서 도교는 물론 유·불과 서양철학까지 포괄하는 '정신'의 철학이 탄생했다. 그가 말하는 '정신'은 동아시아 전통의 정精·기氣·신神을 함축하는 개념이며, 무엇보다 몸과 분리된 것이 아니다. 정신은 인간뿐만 아니라 우주 온 생명의 근원으로, 물질(육체)의 기반인 동시에 고도의 의식 활동을 가능케 한다. 이는 기일원론氣一元論이자 심신일원론의 문맥이다. 정신/물질 혹은 심/신을 확연히 나누는 서양 근대철학의 이원론과 다르다.

이런 '정신'은 오래전에 생겨났으나 동시에 새로운 개념이기도 했다. 한자어 '精神'은 중국 전국시대부터 있었지만, 근대 이후 '정신'은 유럽어(영어 spirit, 독일어 geist, 프랑스어 esprit, 혹은 이성reason)를 번역한 용어로 널리 쓰였다.

전병훈은 한자어이자 번역어인 '정신'의 양가성兩價性이 뒤얽힌 문맥에서 '정신철학'을 말한다. '도덕철학', '심리철학', '정치철학'도 마찬가지다. 그가 말하는 '심리'와 '도덕' 역시 동아시아 전래의 심학心學과 도덕론의 연장선에 있으며, 당시 막 번역되기 시작한 서양철학의 주요 개념들과도 뒤섞였다. 전병훈은 그 용어들로 서구사상을 이해했고, 정신·심리·도덕·정치의 제반 영역에서 동서양 철학의 원리가 상통한다고 보았다. 서양철학이 초보적으로 소개되던 시대에 그 번역어들은 동아시아의 오랜 지적 전통과 서구 근대를 이어주는 마법의 끈이었으나, 한편으로는 서양에 대한 창조적 오해를 불러일으키는 지점이기도 했다.

단지 번역어의 문제를 떠나, 전병훈이 20세기 초 단편적으로 한역漢譯되고 소개된 서양철학을 접했던 한계도 있다. 『정신철학통편』에는 고대 그리스의 탈레스와 소크라테스·플라톤·아리스토텔레스부터 근세의 베이컨·데카르트·몽테스키외·스피노자·루소·칸트·존 스튜어트 밀·아담 스미스·쾨베르·파울젠 등에 이르기까지 50여 명에 이르는 서양인과 그들의 사상이 언급된다. 그 내용은 서양 고대철학에서 근세의 뇌신경론에 이르기까지 다채롭다. 그중에도 전병훈은 특히 칸트를 가장 높이 평가하고 중시했다. 하지만 그가 읽은 텍스트가 대개 여러 단계의 중역重譯을 거쳤고, 서양철학과 철학사에 대한 체계적인 이해가 부족한 상태에서 단편적으로 소개된 것이 대부분이었다.

그렇게 서양철학이 수용되는 과정에서 해석자의 지평으로 텍스트가 환원되는 위험, 즉 텍스트의 본래 의미를 벗어나 해석자의 기대가 텍스트에 투사되거나 해석자가 원하는 대로 내용을 읽는 위험도 고조되었다. 하지만 서구 근대인이 이른바 '이성'의 지평에서 동양을 묘사했듯이, 전병훈 역시 그가 통찰한

'정신'의 견지에서 세계를 해석할 권리가 있었다. 전병훈은 이런 권리를 정당하게 행사했다. 그는 자신의 철학적 견지에서 동서고금의 철학 사상을 두루 회통해서 독창적이고 조직화된 철학 체계를 건립했고, 이를 '정신'의 학술로 집합시켰다.

전병훈은 정신·심리·도덕·정치의 철학을 차례로 말하는데, 그것은 인간 내면의 심층에서 표층으로 나아가는 과정이다. '정신'은 인간 내면의 가장 내밀한 심층에 있으며, 온 우주의 정신과 연결된다. '마음'은 내면과 외면 사이에 걸쳐 있고, 안팎을 연결한다. 아주 본원적인 마음(성품)조차 외적 환경과 내적 자아가 교차하는 일상의 생활(日用人事) 가운데서 일어나고 움직인다. '도덕'은 이런 마음이 외부로 발출되는 것이다. 정신·심리·도덕이 이처럼 안에서 밖으로 향하지만 각각 별개는 아니며, 그 근원은 결국 정신으로 수렴된다. 정신이 하늘에서 근원한다는 문맥에서 그것은 모두 우주적 섭리의 일부로 작동한다. 그러나 '정치'는 사람들의 요구를 수렴해 시행하는 과정으로 '민주'와 '공화'를 핵심 원리로 삼는다. 따라서 정치는 하늘이 아닌 땅에서 근원한다.

전병훈은 그의 철학을 전개하는 과정에서 동아시아의 유·불·도 3교를 두루 포괄했으며, 중국과 한국의 철학 사상을 아울러 재발견했고, 이를 서양철학과 접목하여 세계철학으로 발전시켰다. '정신', '심리', '도덕'은 각각 도교·불교·유교가 추구하는 핵심 가치에 상응하며, '정치'의 민주·공화는 서구에서 강점을 취했다. 한데 전병훈은 '어질고(仁)' '오래 사는(壽)' 것이 아득한 예로부터 모두 한 도법에서 나왔다고 하며, '인의'로 대표되는 도덕가치와 '장생'으로 대표되는 생명가치가 본래 하나로 통합되어 있다가 후대에 오히려 유교와 도교로 분열됐다고 논증한다. 민주·공화 역시 서구 근대에 크게 발전했지만, 그 근본 취지는 동서양을 막론하고 고대의 정치 현실과 담론에서 이미 그 단초를 찾을 수 있다고 보았다.

전병훈은 유·불·도 3교와 서양철학을 관통하여, 하늘에서 근원하는 정신·심리·도덕의 원리와 땅에서 근원하는 정치의 원리를 모색하는 철학적 모험의 길을 걸어갔다. 그것은 낯선 것에 대한 불안과 거부감을 넘어서는 사상적 자기극복의 연속이었다. 그는 정통 성리학자에서 출발했지만 내단학으로 유학의 틀을 벗어났고, 동·서양 문화와 철학의 새로운 담론을 수용하면서 동아시아 전통 지식인의 좁은 안목을 넘어섰다. 그것은 어느 하나를 취하고 나머지를 버리는 양자택일의 행로가 아니었다. 서우는 단순한 사상적 개방의 단계를 지나, 조제 調劑의 차원으로 나아갔다. 서로 다른 것들에서 장점을 취하고 단점을 보완하며, 본질이 통하는 지평 융합의 접점을 찾아 움직였다. 그리고 취합된 것들을 한 화로에서 녹여냈다. 그가 말했다.

> (도에) 합치해 원만한 덕을 이루고자 한다면, 반드시 유·불·도와 철학 및 새롭고 오래된 과학(新舊科學)을 아울러 취해 한 화로에 녹여 주조해야 한다. 그런 뒤에야 하늘의 도를 체득하고 성스러움에 통해 만세토록 으뜸이 될만하며, 폐단이 없을 것이다.(『精神哲學通編』, 「緒論」)

전병훈은 20세기 초 한국의 어떤 지식인과도 다른 길을 걸었다. 그는 동양의 전통에 숨어 자기 위안에 도취하지 않았고, 서양 문물을 일방적으로 추종하지도 않았다. 우승열패와 약육강식의 현실에 위축되지 않았으며, 조선이 힘을 키워 강자가 되기를 열망하지도 않았다. 그는 또한 항일抗日로 시대의 불행이 해결되리라고 여기지도 않았다. 그가 보기에 일본제국주의는 물질만을 숭상하는 서구 근대문명이 세계적으로 확산하면서 생겨난 국부적인 병증病症일 뿐, 병의 근본적인 원인이 아니었기 때문이다. 그는 물질과 패권을 추구하는 근대문명의 병폐에서 인류의 불행과 전쟁이 발발한다고 통찰했고, 문제의 근원인 사람들의 탐욕과 어리석음을 깨우치는 것이야말로 문명의 모순을 해소하는 근치根治라고 생각했다. 따라서 그는 조선의 독립이나 근대 국민국가의 건설을 넘어, 인류 근원의 '정신'을 회복하여 오주五洲가 동포가 되는 통일세계와 신문명을 건설하자고 주창했다.

　　제국주의가 맹위를 떨치던 시대에 조국을 잃고 망명객으로 떠돌던 조선의 한 지식인이 동시대 동아시아의 어떤 사상가보다 원대하고 보편적인 생명·평화의 철학을 제시했던 것이 우리에게는 기이해 보일 수 있다. 하지만 극심한 시련에 직면한 사람들에게는 가장 원대한 꿈이 도리어 가장 현실적인 대안이 된다. 20세기 초 일본과 중국의 근대화론자들은 '저항적 민족주의'를 고취하는 동시에, 국민국가의 형성을 넘어 '근대 제국'을 꿈꾸는 도착적 자의식에 사로잡혔다. 그러나 소속될 국민국가마저 박탈당한 디아스포라였던 전병훈은 "마음이 건곤乾坤 밖에서 돌고, 이름은 우주宇宙 간에 떠돈다."(心運乾坤外, 名留宇宙間)고 토로하며, 절정에 이른 제국주의와 근대성 과잉의 병폐를 초극하고자 했다. 과연 무엇이 환상이고 무엇이 리얼리즘일지는 그가 말하는 '신문명', 즉 아직 도래하지 않은 미래에 그 답이 있을 것이다.

7

김억과 프랑스 상징주의
시와 개인에 대한 새로운 감각을 번역하다

이은홍 | 순천대 국어교육과 교수

안서 김억은 누구인가?

안서岸曙 김억은 우리에게 김소월의 스승으로 널리 알려진 인물이다. 평북 정주에서 태어난 김억과 평북 구성에서 태어난 김소월은 동향 사람으로서 7살 정도의 나이 차가 있지만, 오산학교에서 사제 관계를 맺었다. 김억은 김소월이 문단 활동을 할 수 있도록 도왔고, 학교의 안팎에서 김소월과 함께 어울리며 김소월에게 술과 담배를 가르쳐 주기도 하고, 타고르의 시집《원정(園丁)》을 번역할 때도 김소월과 함께했다. 김억의 〈삼수갑산〉에 운을 붙여 김소월이 쓴 〈삼수갑산-차안서선삼수갑산운(次岸曙三水甲山韻)〉도 스승 김억에게 보낸 편지에 있었고, 유작으로 세상에 공개되었다. 소월 사후에 김억은 소월의 시와 평문 등을 모은 시선집《소월시초(素月詩抄)》를 간행했고, 이곳에 실린 〈요절한 박행시

안서 김억
출처: 한국민족문화대백과사전

인薄倖詩人 김소월의 추억〉은 오랜 기간 소월과 교류한 김억만이 알 수 있는 소월에 대한 인간적인 면모를 담고 있다.

김억은 스승보다 문재가 뛰어난 제자 김소월의 연관 검색어처럼 알려졌지만, 사실 김억은 한국현대시사에서 굉장히 중요한 위치를 차지하고 있다. 김억은 누구인가? 김억은 12살(1907)에 평북 정주에 있는 오산학교에 입학한다. 오산학교 입학은 집안의 큰 반대를 무릅쓴 결정이었다고 한다. 민족의 자주독립을 위해 서양의 근대 교육 제도를 표방했던 오산학교의 분위기와 종가의 장손으로 상투를 틀고, 한학을 배우던 김억 집안의 분위기가 달랐기 때문일 것이다. 오산학교를 졸업한 후 19세(1914)에는 일본의 게의오의숙 문과에 입학했고 같은 해 12월 재일본동경조선유학생학우회의 기관지《학지광(學之光)》에 시〈이별(離別)〉을 발표하며 시작 활동을 시작한다. 그러나 유학 생활을 2년도 채 채우지 못하고 중도 작파할 수밖에 없었는데, 아버지가 급작스럽게 돌아가셨기 때문이었다. 김억은 1916년에 고향으로 돌아와 오산학교 교사로 부임했고, 이곳에서 김소월을 만났다.《창조(創造)》의 동인(1919~1921),《폐허(廢墟)》의 동인(1920~1921), 그리고《영대(靈臺)》의 동인(1924~1925)으로 활동하기도 했고, 인공적으로 제작된 국제공용어 에스페란토Esperanto 보급 운동에 힘쓰기도 했다. 동아일보 기자, 문예지 《가면(假面)》의 편집자로 일했고, 경성중앙방송국에서도 일했다. 친일문인 단체인 조선문인보국회 등에서 활동하며 〈님 따라 나서자-금원 군조 영전에〉(1944) 등 전쟁 참여를 독려하는 시를 창작한 이력도 있다. 1950년 한국전쟁 동란에 서울 종로구 계동 자택에서 납북되었다.

무엇보다 김억의 이력에서 주목해야 할 부분은 바로 그의 번역 활동이다. 1918년에 서구의 문학작품을 소개할 목적으로 《태서문예신보(泰西文藝新報)》가 창간되었는데, 이 문예지에서 프랑스 상징주의 문학을 주도적으로 번역하고 창작시를 발표했던 사람이 김억이었다. 김억이 번역한 우리나라 최초의 번역시집인 《오뇌懊惱의 무도舞蹈》(1921)는 당대 청년들에게 시에 대한 새로운 감각을 불러일으켰다. 이후 김억은 프랑스 상징주의를 영국에 소개하는 데 주도적이었던 아서 시먼스의 시를 번역하여 《잃어버린 진주》(1924)를 출간했고, 동양에서 최초로 노벨 문학상을 받은 인도 시인 라빈드라나드 타고르의 시들도 번역했는데 《기탄잘리(Gitanjali)》(1923), 《신월(新月)》(1924), 《원정(園丁)》(1924)이 그것이다. 타고르가 당대에 문학청년들에게 우상이었던 것은 널리 알려진 사실이다. 영국의 식민지였던 인도에서 노벨상을 수상했던 그의 이력은 일제의 식민지였던 약소국 조선뿐만 아니라 동양의 청년들에게 꿈과 희망을 주기에 충분했다. 1920년대에 타고르의 시풍을 흉내내어 시를 썼던 청년 시인들이 많았고, 그들은 김억의 번역시집을 통해 타고르의 시를 접했다. 김억은 《망우초(忘憂草)》(1934), 《동심초(同心草)》(1943) 등의 한시 번역시집도 활발히 출간했지만, 여기서는 특히 김억이 초기(1910~1920년대)에 몰두했고, 한국 근대시 형성에 결정적인 영향을 끼쳤던 프랑스 상징주의 계열의 작품 번역에 한정해 보고자 한다.

오뇌의 무도화化? 《태서문예신보》와《오뇌의 무도》

> 《오뇌의 무도》가 발행된 뒤로 새로 나오는 청년들의 시풍은 '오뇌의 무도화'
> 하였다 하리만큼 변하였다. 다만 표현법에서만 그러한 것이 아니라 사상과
> 정신에까지 놀랄 만한 영향을 미치었다. 말하자면 공곡(空谷)의 전성(傳聲)
> 이라 할 만하였다. 심지어 '여라' '나니'하는 안서의 특수한 용어의 예까지도
> 많이 모방하게 되었다. 아마 1권의 역서(譯書)로 이처럼 큰 영향을 일으킨 일
> 은 실로 희한한 일이라 할 것이다.
>
> - 이광수, 〈문예쇄담〉, 《동아일보》, 1925. 11. 12.

청년들이 김억의 역시집에 열광하는 '현상'을 두고 이광수는 청년들이
"'오뇌의 무도화'하였다"라고까지 표현한다. 이광수의 증언에서 짐작할 수 있
듯이 김억의 《오뇌의 무도》는 1910~1920년대 청년들 사이에서 문학 교과서
의 위상을 차지했다. 《오뇌의 무도》는 김억이 《태서문예신보(泰西文藝新報)》
와 《창조》, 《폐허》 등의 지면에서 발표하였던 번역시를 묶어낸 역시집으로, 프
랑스 상징주의의 대표 시인인 베를렌의 〈가을의 노래(Chanson D'automne)〉
등 21편과 구르몽의 〈낙엽(Les Feuilles mortes)〉 등 10편, 사맹의 〈반주
(Accompagnement)〉 등 8편, 샤를 보들레르의 〈달의 비애(Tristesses de la lune)〉
등 7편 등 총 85편이 수록돼 있다. 《오뇌의 무도》는 초판의 폭발적 반응에 힘입
어 1923년, 그러니까 1921년에 발행된 이후 2년 만에 재판된다. 재판에서는 일
부 시가 삭제됐고, 예이츠 등의 시 10편가량이 추가됐다.

오뇌의 무도(초판, 1921)
출처: 한겨레 신문

오뇌의 무도(재판, 1923)
출처: 한국근대문학관

그런데 김억의《오뇌의 무도》이전에《태서문예신보》가 있었다. 김억은
《학지광》에도 번역시를 발표한 적이 있지만, 본격적으로 번역 활동을 재개한 것
은《태서문예신보》에서였다.《태서문예신보》는 1918년 9월 창간되어 1919년 2
월 16호에 종간된 우리나라 최초의 주간 종합 문예 잡지이다. 창간호에서 "본
보는 저 태서(서양)의 유명한 소설·사조·산문·가곡·음악·미술·각본 등 일반
문예에 관한 기사를 문학 대가의 붓으로 직접 본문으로부터 충실하게 번역하
여 발행"하겠다고 밝힌 포부대로 외국의 소설과 시를 비롯해 문예 이론을 번역
하여 소개하였고, 창작시와 창작소설의 지면도 있었다. 그러나 양과 질적인 측
면에서 다른 장르보다도 시가 차지하는 위상이 압도적이었다. 물론,《태서문예

신보》이전에도 최남선과 이광수 등이《소년》과《청춘》을 통해 외국 작가를 소개하면서 경구와 같은 문장과 작품을 번역했다. 하지만《소년》과《청춘》은 문예지가 아니라 교양지였고, 계몽적이고 공리주의적인 관점에서 번역을 했기에 프랑스 상징주의 등 서구의 문예 사조와 문학을 소개하는 데 주도적인 역할을 했던《태서문예신보》와는 차이가 있었다. 또한 창간호에서 확인할 수 있는 것처럼《태서문예신보》는 원문을 참고하지 않고 일본어와 한자로 번역된 작품을 다시 우리말로 번역하는 중역이 아니라, 원문 텍스트를 직접 번역하려는 태도를 견지하였다는 점에서도 이전의 번역들과 차이가 있다.

그런데 다시 이광수의 글로 돌아가서 왜《오뇌의 무도》에 등장하는 프랑스 상징주의 계열의 시들이 당시 청년들에게 뜨거운 반응을 일으켰는지 생각해 볼 필요가 있다. 김억이 번역을 통해 프랑스 상징주의 시에서 배운 것을 살펴보면, 당대 청년들에게 김억의 번역시집이 끼친 영향을 짐작해 볼 수 있을 것이다.

김억이 프랑스 상징주의 시에서 배운 것

찰나 속에서 영구상(永久相)을 보며 영구상에서 찰나를 본다 하는 이것입니다. 이것이 정명(定命)을 절대화시키며, 유한을 무한화시키는 것입니다. 예술은 인생의 표현입니다. 한데 찰나 찰나의 전아(全我)의 생명의 표현은 찰나찰나의 정조입니다. 이 무한 부정(不定)의 정조를 표현하려고 함에는 모든 표현에서 뛰어나는 상징의 길을 밟지 아니하고는 별수가 없습니다. …(중략)…시

라는 것은 이지(理智)의 산물이어서는 아니됩니다. 정조(情調)의 산물이라야

합니다. …(중략)…이 삼볼리스트의 지위는 소설에 대한 자연주의의 반항적

운동인 비물질적, 비기계적주의와 같습니다. 신로맨티시즘과 같습니다. 사물

의 내면에 숨어 있는 불가해적 신비를 찾아내려고 하는 것입니다. 이것을 찾

아냄에는 직접으로 사실적 방법을 가지어서는 아니 되겠다 합니다.

- 김억, 〈서문 대신에〉, 《잃어진 진주》, 평문관, 1924.

아서 시먼스의 시를 소개하는 김억의 글을 통해 프랑스 상징주의에 대한
김억의 이해를 엿볼 수 있다. 김억은 상징을 "사물의 내면에 숨어 있는 불가해적
신비를 찾아내려고 하는 것"으로 설명한다. 상징주의는 관념과 이미지가 일체화
되어 있는 언어 표현 방법뿐만 아니라 세계를 암시적이고, 다의적이고 이차원적
으로 인식하는 태도를 의미한다. 특히 19~20세기 프랑스에서 일어난 예술 운동
으로서 프랑스 상징주의는 사실주의나 과학적 리얼리즘에 반하여 인간 내면의
세계, 상상력 등을 중시한 사조로서, 프랑스의 보들레르, 베를렌, 랭보, 말레르메
등이 대표적이다. 프랑스 상징주의자들은 세계를 수치와 규칙을 통해 사실적으
로 파악하는 새로운 방법에 대해 회의했고, 세계를 관찰하고 느끼는 개인의 감
각을 매개로 인식하고자 했다.

김억이 수용하고 1910~1920년대 당대 청년들이 열광했던 프랑스 상징주
의는 무엇이었을까? 우리나라에 프랑스 상징주의는 백대진의 〈이십세기초두구
주제대문학가(二十世紀初頭歐洲諸大文學家)〉를 추억함《신문계》1916. 6.)과 김억
의 〈요구要求의 회한悔恨〉《학지광》 1916. 9.)을 시작으로 1920~1930년까지 황석우,

폴 베를렌
출처: 중앙일보

박영희, 양주동, 이헌구, 이하윤 등을 통해 꾸준히 소개되었다. 이들은 모두 '프랑스 상징주의'라는 사조로 묶일 수 있지만, 서로가 이해한 프랑스 상징주의의 모습은 달랐다. 문혜원에 따르면, 프랑스 상징주의는 세 가지 경향으로 나누어 볼 수 있다. 베를렌은 보들레르의 '감성'의 세계를 특히 강조하고 음악적 암시에 의한 순수 서정시, 즉 '정감의 시'를 개척했다. 랭보는 보들레르의 감각의 세계를 물려받아 언어의 주술성을 탐구하는 데 큰 업적을 남겼다. 말라르메는 보들레르가 지닌 지성적 요소, 즉 사유와 형식의 완벽함과 시적 순수성을 물려받아 절대의 세계를 지향한다. 김억은 이 가운데서도 특히 베를렌의 시적 경향을 추구했다.

김억은 베를렌의 시에 대해서 "그의 시구는 살살 힘업시 부는 미풍의 소리, 달밤의 어두운 곳에서 빗기여나는 간은른 적성笛聲, 바람에 갈니는 비단의 소리와 갓튼 늣김을 주며, 그 동시에 순실純實한 맘의 끗물을 환희의 소리, 무서워떠는 듯한 소리, 고통에 발퓌운 영靈이 아직 죽지 아니한 배암과 갓치 몸을 틀면서 괴롭아하는 모양을 생각하게 하는듯한 신음과 갓튼 늣김이 잇다"(《스핑쓰의 고뇌(苦惱)》, 《폐허》, 1920. 7. 25.)라고 평했다. 그가 베를렌의 시를 고통과 괴로움의 주제로 파악하고 있는 것을 눈여겨볼 필요가 있다. 김억이 《태서문예신보》에서부터 관심을 가지고 번역해 왔던 작품들에는 공통적으로 부재와 상실, 슬픔이 있다.

　상징주의와 상실이라는 감정의 관계는 근대인의 근원적인 고독의 측면에서 이해해 볼 수 있다. 주어진 세계의 질서에 순응하며 살던 중세적 인간과 달리 근대의 인간은 스스로의 선택에 따라 행동할 수 있는 자유와 책임을 쟁취하였다. 그러나 하늘의 별빛을 보고 나아갈 길을 점치고, 초월적인 신의 세계에 대한 믿음이 존재했던 중세를 떠나 근대에 도착한 인간은 세계를 이해하기 위한 새로운 논리와 방법을 찾아야 했다. 김억이 프랑스 상징주의자, 특히 베를렌에게서 발견했던 부재와 상실, 이별의 슬픔은 중세로부터 결별한 근대인의 존재론적 감각이기도 했던 것이다. 당대 문학청년들은 김억의 번역시에서 근대인으로서 자화상을 발견했고, 민족의 역량을 집약했던 3.1 운동이 실패로 끝난 뒤에 그들이 느꼈던 세기말적인 좌절의 감정을 김억의 번역시에서 발견했다. 또한 김진희에 따르면 상실과 부재의 감정이야말로 서정시의 원형과 맞닿아 있다. 왜냐하면 세계를 자아화하는, 세계와 자아의 동일화를 꿈꾸는 서정 갈래에서 상실과 부재의 감정은 동일화를 추동하는 기초 감정이기 때문이다. 또한 김억의 번역은 작품의 내용뿐만 아니라 문학의 기능에 대한 인식의 전환을 꾀했던 면도 있다. 김억은 번역을 통해 개화와 계몽이라는 당위를 외치는 선구자들의 목소리를 대변하는 도구로서의 문학이 아닌, 느끼고 생각하고 행동하는 개인의 개성을 표상하는 예술로서의 문학을 보여 주었다.

　한편 김억은 상징주의에서 감정뿐만 아니라 시의 음악성에 대해서도 배웠다. 김억은 "상징시의 특색은 음악적이며 시미적임에 있습니다. 그리고 찰나 찰나의 정조를 자유로운 시형으로 잡아두는 것입니다"(김억, 〈서문 대신에〉, 《잃어진 진주》, 평문관, 1924.)라고 말한다. 찰나의 정조와 감정을 전달하기 위해서 필요한 것은 무엇보다도 시어의 정련과 조직, 즉 리듬이었다. 원 텍스트가 지닌 음악성을 살리기 위해서 김억이 가장 기초적으로 사용했던 방법은 음절 수를 맞추는 것이다. 김억은 원시의 음절 수와 비슷하게 번역하기 위해서 원시에는 없는 행을 반복하거나 표현을 삽입하고, 한자어를 사용해서 의미를 제한된 음절 수 안에 집약적으로 표현하는 방법을 사용했다. 또한, 프랑스 상징주의에서 음악성을 살리기 위해 사용한 행간걸침을 우리말에도 적용했고, 베를렌 시의 감미로움과 격정을 표현하기 위해서 익숙한 의고체 '~하노라'나 언문일치를 반영한 문어체인 '~다' 대신 '~러라', '~어라'를 사용했다. 어감을 살리기 위해서 '고운', '~로운'의 표현을 '곱운', '~롭운'으로 바꾸기도 했는데 음운 단위에서 언어를 고르는 작업에 몰두하다 보니 다소 어색한 번역 표현이 등장한 것도 사실이다. 그렇지만, 김억이 프랑스 상징주의 시의 음악성을 살려 번역하기 위해서 우리말에 천착하는 과정은 우리말과 우리의 근대시에 대한 새로운 실험의 과정이 되었다. 김억은 번역을 통해서, 육당 최남선의 시가가 보여 주었던 다양한 형식 실험에서 결여되어 있던 것, 정한모에 따른다면, '개성적인 서정을 바탕으로 거기에 맞는 개성적인 표현을 위해 노력하는 것'이 근대시의 본질임을 확인하였다. 당대 문학청년들이 김억의 번역시투를 흉내냈던 것은 널리 알려진 사실이다. 그렇지만 김억은 흉내낼 수 있는 어투를 제공하는 차원이 아니라 시상에 어울리는 언어와 형식을 탐색할 필요성을 한국 근대시의 문학 공동체에 일깨웠던 것이다. 김억은 번역을 통해 발견한 시의 음악성에 대한 탐구를 계속한다. 이는 인위적인 정형률이 아니라 자연스러운 호흡에 맞는 우리 시의 음률을 찾기 위한 노력으로 확대되면서 '격조시형'을 창안하는 데 이른다.

김억의 번역론–창작으로서의 번역

김억은 어떠한 태도로 번역에 임했을까? 김억은 번역이 창작과 같은 창조적 속성이 있다고 보았다. 여러 장르 가운데서도 특히 '시' 장르를 번역할 때 직역보다 의역, 즉 창조적 번역이 필요하다고 보았다. 창작으로서 번역을 대했던 김억의 태도는 그가 번역의 대상으로서 관심을 가졌던 '시'라는 장르의 특수성과 함께 번역자로서의 자의식, 모국어에 대한 이해 등과 상호작용하며 형성된 것으로 보인다. 김억이 번역에 관해 제출했던 글들을 통해 그가 말하고자 했던 창작으로서의 번역에 대해 살펴보고자 한다.

> 시의 번역이라는 것은 번역이 아닙니다. 창작입니다. 나는 창작보다도 더한 정력이 드는 일이라 생각합니다. 시가는 옮길 수 있는 것이 아니라 하면 시가의 번역은 더욱 창작 이상의 힘드는 일이라 하지 아니할 수가 없습니다. 이것은 다른 까닭이요 불가능성의 것을 가능성의 것으로 만드는 노력이며 또한 역자의 솜씨에 가장 큰 관계가 있습니다. 이에는 매개되는 역자의 개성이 가장 큰 중심의미를 가지게 되어 시가의 번역처럼 큰 개성적인 의미를 가진 것은 없다고 단정하려 합니다.
>
> – 김억, 《잃어버린 진주》, 평문관, 1924.

다만 창작과 다른 점이 있다 하면 창작은 어디까지든지 순실(純實)한 제작이요, 번역은 원작자의 상(想)을 받아서 제작한다 하더라도 언어로의 습관과 감정과 음향을 가장 잘 관찰하여 사용치 않아서는 아니 될 모양이니 이것이 실은 창작적 고심보다 못하지 아니한 노력이외다. 어떤 점으로 보면 한정된 원문이었기 때문에 그것에 맞추어 표현해 놓는 것만치 번역은 좀 더 어려운 일이 될는지도 모를 것이외다.

- 김억, 〈언어의 임무는 음향과 감정에까지: 번역에 대한 나의 태도〉(1),
《조선중앙일보》, (1934.9.27.)

김억은 여러 차례 번역의 불가능성에 대해서 말했었다. 물론 그렇다고 해서 번역을 정말 할 수 없다는 것은 아니다. 그는 오히려 '불가능성의 것을 가능성의 것으로 만드는 노력'을 번역이라고 보았다. 번역이 불가능하다고까지 이야기했던 것은 김억이 번역을 단순히 '뜻'만을 전달하는 행위로 보지 않았다는 것을 말해준다. 김억은 '음조音調', '어조'를 살릴 수 있는 번역을 꾀했다. 시는 '언어'를 매개로 체험되는 장르였음을 김억은 알고 있었다. 그래서 "의미만을 따면 그것이 원시의 뜻을 전했을 망정 시가로서의 가치가 없고 보니 그렇게 할 수는 없는 것이외다"(김억, 〈역시론〉, 《대조》 6, 1930. 9.)라고 이야기했던 것이다.

이제 김억의 번역론에서 원문에 대한 섬세한 이해와 역자의 개성이 양립하는 이유를 이해할 수 있다. 김억에게 창작 능력과 유사하게 모국어를 부려쓰는 행위가 필요했던 이유는 오히려 원시가 지닌 '언어로서의 습관과 감정과 음향'을 살려 쓰기 위해서였다. 원문을 변형시키는 과정에서 원문의 미감이 변형

될 수밖에 없기에 완벽한 번역은 불가능하지만, 그렇기에 원문을 원문처럼 체험할 수 있도록 모국어로 표현하는 창작적 과정이 중요했다. 김억이 지향했던 창조적 번역, 의역은 뜻만 통하도록 표현하는 의역이 아니다. 김억에게 번역은 원문이 가지고 있는 고유한 언어적 특성과 의미를 이해하고, 이를 최대한으로 표현하기 위해 모국어의 가능성을 확대하는 행위였다. "조선말처럼 단순한 것은 없습니다. 형용사와 부사가 여만 부족이 아닙니다. 물론 첫째에 모든 어려움보다 딱한 것은 형용사와 부사였습니다. 참말로 비애가 아니고 비참한 생각이 났습니다"(김억, 《잃어버린 진주》 서문, 평문관, 1924)라고 김억이 말했을 때, 김억은 이질적인 언어를 번역하는 과정에서 모국어가 지닌 한계와 특성을 깨닫고, 모국어의 일상적인 언어 사용을 뛰어넘어 창조적 운용이 필요함을 절실히 깨닫게 된 것이다.

동북아시아의 문화적 횡단과 김억의 번역

김억은 원문의 언어를 직접 번역하는 데 심혈을 기울였지만, 에스페란토 번역본과 특히 일본어 번역본을 참고한 정황이 확인된다. 구인모에 따르면 김억은 《오뇌의 무도》를 번역할 때 일본의 나가이 가후의 『산호집(珊瑚集)』(1913), 호리구치 다이가쿠의 『어제의 꽃(昨日の花)』(1918), 고바야시 아이유의 『현대만엽집(現代萬葉集)』(1916) 등 근대기 일본을 대표하는 번역시 사화집詞華集들을 중심으로, ARS사나 신쵸사의 이른바 '태서명시선' 시리즈 등 서양 시를 번역한 시집들을 참조하였다. 특히 베를렌의 시를 번역할 때는 가와지 류코川路柳虹의 번역을 적잖이 참고하였음도 밝혀진 바 있다. 식민지 조선에서 유럽과 영미권의 세계문학이 유입되었던 통로가 일본이었던 점을 생각하면, 김억이 번역할 작품을 선택하고 번역의 언어를 고르는 데 일본의 시화집을 참고했던 것은 자연스러웠던 일일 것이다. 그러나 번역의 창조적 속성을 강조했던 김억의 번역관을 다시금 떠올릴 필요가 있다. 김억은 낯설지만 친숙한 프랑스의 시와 익숙하지만 낯선 일본어 번역들 사이에서 개인과 서정, 근대시에 대한 새로운 감각을 우리말로 번역하기 위해 우리말의 가능성을 시험하고 창조했다. 또한, 김억 번역의 세례를 받았던 김소월과 한용운에게서 우리는 애상적인 감정이 자연스러운 일상어, 구어체 혹은 민요의 형식 등을 통해 형상화되는 양상을 볼 수 있다. 이를 두고 김진희는 김억이 번역을 통해 근대에서 소외되었던 동아시아의 시가 전통, 특히 여성화자와 애상의 전통을 재발견하는 데도 큰 역할을 했다고 평가한다. 김억의 번역을 통해 소개된 프랑스 상징주의의 계열의 시들은 한국의 근대시 형성의 주요한 자원이 되었다. 이런 맥락에서 한국의 근대시는 유럽과 영미권, 그리고 일본과 중국 등의 동아시아 문화권과의 교류를 통해 그 보편성과 특수성을 획득한 산물이라고 볼 수 있다.

8

공공사상가 다나카 쇼조
동학을 만나다

조성환 | 원광대 동북아시아인문사회연구소 HK교수

동학연구자, 다나카 쇼조와 조우하다

2009년 11월 1일. 일본 고베에서 열린《공공철학 교토포럼》의 주제는〈한국의 개벽사상〉이었다. 한국에서 '개벽'을 사상용어로 사용한 것은 1860년에 탄생한 동학東學이 처음이다. 그래서 이 포럼에 한국의 동학연구자 박맹수가 발표자로 초청받았다. 이 자리에는 일본의 다나카 쇼조田中正造 연구자인 고마쓰 히로시小松裕도 발표자로 초대되었다. 박맹수는 고마쓰의 발표를 통해 다나카 쇼조라는 존재를 처음 알았다. 그뿐만 아니라 고마쓰는 박맹수에게 귀중한 정보를 제공하였다. 다나카 쇼조가 자신의 일기에서 동학과 전봉준에 대해 언급한 적이 있다는 것이다. 다나카 쇼조와 동학의 관계는 이렇게 한국에 전해지게 되었다.

다나카 쇼조(1841~1913)는 메이지 시기를 살다 간 정치가이자 사상가로, 일

국내에 번역된 다나카 쇼조 입문서
출처: 상추쌈출판사

본 최초의 환경운동가로 알려져 있다. 그는 일본이 산업사회로 치닫던 19세기 말과 20세기 초, 광산에서 나오는 광독鑛毒으로 인한 환경 오염과 인명 피해를 처음으로 문제 제기한 인물로 유명하다. 광산이 있는 지역은 쇼조의 고향인 도치기현栃木県 근처의 아시오足尾였다. 그래서 이 사건을 '아시오 광독 사건'이라고 부른다.

다나카 쇼조는 죽기 1년 전 "참된 문명은 산을 황폐하게 하지 않고, 강을 더럽히지 않고, 마을을 부수지 않고, 사람을 죽이지 아니한다"는 문명론을 제창한 것으로도 유명하다. 1991년에 『녹색평론』을 창간한 김종철은 "다나카 쇼조야말로 동아시아에서 서구 근대문명의 본질을 어느 누구보다도 먼저 간파한 혜안의 소유자였다"라고 평가하였다.(전광진, 〈다나카 쇼조의 참된 문명〉, 《경향신문》 2019. 12. 15.)

공해에 부딪친 일본의 근대화

아시오 광산은 1881년에 질 좋은 광맥이 발견되면서 구리 생산량이 급증하기 시작하였다. 당시 구리는 일본의 주요 수출품 중 하나였는데, 전국 산출량의 4분의 1을 아시오 광산이 차지하고 있었다. 그러나 구리 생산의 급격한 증가가 문제의 발단이 되었다. 1884년 말부터 나무와 물고기가 죽어가고 있다는 기사가 나오기 시작했다. 마침내 1890년, 광산에서 나오는 광독 문제가 세상에 알려지게 된다. 대홍수로 인해 강물로 흘러 들어간 광독이 농산물에 큰 피해를 주었기 때문이다. 대홍수의 원인에는 정련소의 연료로 쓰기 위해 아시오의 산림을 함부로 벌목한 것도 한몫했다.

이듬해인 1891년, 당시 중의원衆議員이었던 다나카 쇼조는 이 문제를 의회에서 정식으로 거론하였다. 1896년 아시오 근처의 와타라세 강渡良瀬川에 또다시 큰물이 지면서 엄청난 피해가 생겼다. 1900년에는 2천여 명의 피해 주민들이 네 번째 도쿄청원에 나섰다. 1901년 12월, 결국 다나카 쇼조는 의원직을 그만둔 뒤 천황에게 자신의 의견을 직접 전달하기로 결심했다. 천황의 마차에 다가가서 직접 상소문을 전달하려 한 것이다. 이른바 '천황 직소直訴 사건'이다. 이 시도는 비록 실패로 돌아갔지만 일본 사회에 커다란 반향을 불러일으켰다.

그러자 정부에서도 달아오르는 여론을 달래고자 조치를 취하지 않을 수 없었다. 일본 정부는 홍수를 막기 위해 와타라세 강 하류에 있는 야나카 마을谷中村을 900만 평이 넘는 거대한 유수지遊水池로 만들겠다는 계획을 내놓았다. 그러나 그렇게 되면 야나카 마을은 침수될 수밖에 없었다. 그에 따라 광독 문제는 치수 문제로 전환되었다. 러일전쟁이 한창이던 1904년, 63세의 다나카 쇼조는 "야나카 문제는 러일전쟁보다 더 큰 문제"라고 하면서 야나카 마을로 거주지를 옮겼다. 유수지 건설로 인해 마을이 수몰되는 것을 저지하기 위해서였다. 야나카 마을로 옮긴 지 10년째 되던 어느 여름날, 다나카 쇼조는 하천 조사를 나갔다가 야나카 마을로 돌아오는 길에 쓰러졌다. 그리고 한 달 뒤 세상을 떠난다. 그의 장례식에는 일본 전역에서 4만~5만 명의 조문객이 찾아왔다고 한다.(이상의 내용은 小松裕, 『田中正造の 近代』를 참고하였다.)

다나카 쇼조, 민중을 발견하다

다나카 쇼조가 야나카 마을에서 지낸 10년은 그에게 인간에 대한 시선의 전환을 가져다준 시간이었다. 1907년 홍수가 또다시 야나카 마을을 덮쳤다. 다나카 쇼조는 큰 배를 빌려서 야나카 주민들을 도우려 했다. 그러나 주민들은 다나카의 도움을 거절했다. 그들은 집이 물에 잠기고 거센 파도에 흔들리면서도 태연한 모습을 유지하고 있었다. 야나카 주민들의 모습에 큰 충격을 받은 쇼조는 그 사건을 계기로 주민들을 대하는 태도를 달리했다. 이전에는 그들을 가르치려는 자세였다면, 그후로는 그들의 이야기를 들으려는 자세로 전환한 것이다. 고마쓰 히로시小松裕는 이 사건을 "야나카학谷中學의 전환"이라고 하였고, 하나자키 코헤이花崎皋平는 "가치관의 전환"이라고 불렀으며, 오니시 히데나오大西秀尚는 "민중의 발견"이라고 표현하였다.

어쩌면 다나카 쇼조가 동학농민군의 소식을 들었을 때도 비슷한 느낌이었을지 모른다. 아시오 광독 문제가 불거지기 시작하던 1892년, 한반도에서는 민중들에 의한 혁명의 기운이 감돌고 있었다. 1860년에 경주에서 최제우가 창도

한 동학東學은 1890년대에 이르면서 전국 조직으로 확장되었다. 최제우는 비록 혹세무민左道亂正의 죄로 4년 만에 처형당했지만, 그 뒤를 이은 최시형이 30여 년 동안 도망자 생활을 하면서 동학을 한반도 전역에 퍼트린 것이다.

그리고 마침내 1891년, 포교의 자유와 관리의 폭정에 항의하는 교조신원운동教祖伸冤運動이 일어났다. 곧이어 1892년에는 삼례취회, 1893년에는 보은취회 그리고 1894년에는 고부봉기가 이어졌다. 결국 1894년 3월, 동학농민군은 전라북도 고창군 무장현茂長縣에서 각지에 포고문을 배포하고 전국적인 봉기를 선언하였다. '동학농민혁명'이 시작된 것이다. 농민군의 기세에 위협을 느낀 조선 정부는 청나라에 도움을 청했다. 이때를 틈타 일본도 한반도에 군대를 파견했고, 양국 군대는 한반도에서 충돌했다. '청일전쟁'의 발발이다. '청일전쟁'이기도 하지만, 동학농민군도 싸웠기 때문에 실질적으로는 한중일의 삼국전쟁이었던 셈이다.

동학당은 문명적이다

다나카 쇼조 역시 언론이나 인맥을 통해서 시시각각 동학농민군과 청일전쟁의 소식을 접했을 것이다. 그 소식을 바탕으로 쇼조는 동학농민혁명이 진압된 지 1년 반이 지난 1896년에 자신의 감상을 「조선잡기(朝鮮雜記)」라는 글로 남겼다. 이 글에서 그는 동학농민군을 다음과 같이 평가하였다.

동학당은 문명적이다. 12개조 규율은 덕의를 지키는 것이 엄격하다. 인민의 재물을 빼앗지 않고 부녀자를 욕보이지 않으며, 병참부대의 물자는 군수나 관아에 의지하고, 병력으로 권력을 빼앗아 제물을 취하되 그 땅을 다스리는 것이 공평하다. 만약에 군율을 어기는 자가 있으면 곧바로 총살한다. (…)

봉준의 자는 녹두이고 부하는 3천 명이 있었다. 동학당 중에 간혹 잔혹하고 포악한 자가 있었지만 모두 녹두를 두려워하여 '전대인(全大人)'이라 부르니 숨은 동학당의 태두이다(당원은 대략 10만 명). 녹두는 품행이 방정하고 부하들과 술 담배를 하지 않았다. 모략이 풍부하지만 공명정대하게 스스로 개혁의 대업을 맡았다.

하지만 녹두의 뜻은 종교로 근본적인 개혁을 꾀하고자 하였다. 다만 조선의 국교는 유교로 인심을 억압하고 있었기 때문에 녹두가 쇄신한 종교를 꺼려서, 반역할 마음이 있다고 뒤집어 씌워 그를 체포하고자 하였다. (…)

조선 백년의 대계는 정신부터 개혁하지 않으면 안 된다. 군대는 그것을 모르고 새싹을 짓밟았다. 애석하다!

당시의 상황으로 보면 대단히 파격적인 평가이다. 일본에서는 물론이고 조선에서조차 동학농민군은 '민란'이나 '비적匪賊'으로 불렸기 때문이다. 유일하게 일본의 언론인 쿠가 가츠난陸羯南이 동학농민군을 '지사志士'나 '의병'이라고 평가하였는데, 그 역시 몇 달 후에는 논조를 바꾸어서 '백성의 민란(一揆)'이나 '비도匪徒'에 지나지 않는다고 폄하하였다. 따라서 다나카 쇼조가 동학농민군을 '문명적'이라고 평가한 것은 한일 양국에서 유일하다고 해도 과언이 아니다.

그렇다면 다나카 쇼조는 왜 동학농민군을 높게 평가했을까? 그것은 아마도 조선 민중의 힘을 발견했기 때문이었을 것이다. 즉 전봉준과 동학농민군에게서 '아래로부터의 개혁'의 가능성을 본 것이다. 이 체험은 그로부터 10여 년 뒤에 일본에서 반복된다. 홍수에 의연하게 대처하는 야나카 주민들의 모습이 그것이다.

칼에 피를 묻히지 말라

다나카 쇼조가 동학농민군을 '문명적'이라고 할 때 '문명적'의 의미는, "덕의를 지키는 것이 엄격하다"라는 부연 설명으로부터 알 수 있듯이, '도덕적'의 다른 말이다. 바꿔 말하면 폭력을 쓰지 않고 인민에게 피해를 주지 않는다는 뜻이다. 실제로 동학농민군은 살생을 삼가는 것을 규율로 삼았다고 알려져 있다. 일본 외무성 산하 외교사료관에 소장된 동학농민군 자료 중에는 다음과 같은 문건이 있다.

> 동도대장이 각 부대장에게 명령을 내려 약속하기를,
> (1) 매번 적을 상대할 때 우리 동학농민군은 칼에 피를 묻히지 아니하고 이기는 것을 가장 으뜸의 공으로 삼을 것이며, (2) 비록 어쩔 수 없이 싸우더라도 사람의 목숨만은 해치지 않는 것을 귀하게 여겨야 할 것이다. (3) 또한 매번 행진하며 지나갈 때에는 다른 사람의 물건을 해치지 말 것이며, (4) 부모에게 효도하고 형제간에 우애하며 나라에 충성하고 사람들 사이에서 신망이 두터

운 사람이 사는 동네 십리 안에는 절대로 주둔해서는 아니 될 것이다.

東道大將, 下令於各部隊長, 約束曰: "每於對敵之時, 兵不血刃而勝者爲首功. 雖不得已戰, 切勿傷命爲貴. 每於行陣所過之時, 切物害人之物, 孝悌忠信人所居村十里內, 勿爲屯住

* 번역과 원문은 박맹수의 「전봉준의 평화사상」(『통일과 평화』 9-1, 2017)을 참고하였다.

이 내용은 1894년 3월에 무장현에서 '보국안민輔國安民'의 기치를 내걸고 전면 봉기한 동학농민군이 전북 부안 백산성白山城에 집결하여 발표한 「사대명의(四大名義)」(행동강령)와 「12개조 기율」의 일부이다. 이때 동학농민군의 리

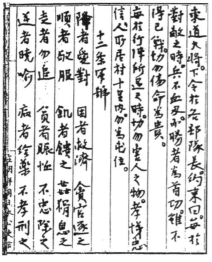

『조선국 동학당 동정에 관한 제국공사관 보고 일건』
출처: 박맹수, 「동학농민혁명과 동아시아 평화」, 『나주동학농민혁명의 세계사적 의의와 시민사회로의 확산』, 2021년 11월 11일 학술대회 자료집, 25쪽

더는 전봉준이었다. 따라서 위의 문건에 나오는 '동도대장東道大將'은 전봉준을 가리키는 것으로 추측된다. 아마도 다나카 쇼조는 동학농민군이 이와 같은 규율을 가지고 있다는 사실을 전해 들었을 것이다.

다른 문명을 꿈꾸다

당시 일본의 문명론은 후쿠자와 유키치福澤諭吉로 대변되는 서구문명론이 대세를 이루고 있었다. 즉 서구 문명이 유일한 문명이고, 그것을 아시아에서 구현하고 있는 나라는 일본이며, 청나라나 조선은 야만국이라는 것이다. 이러한 문명론은 후쿠자와 유키치의『문명론의 개략』(1875)을 통해 시작되었다. 더 놀라운 사실은『문명론의 개략』에서는 자연을 인간의 노예로 묘사하고 있다는 점이다.

> 인지(人智)로 천연(天然)의 힘을 범하고 (…) 지용(智勇)이 나아가는 바는 천지(天地)에 대적할 것이 없으며 사람으로 하늘을 부리는 것과 같다. (…) 산·못·강·바다·바람·비·해·달의 부류는 사람의 노예라고 할 수 있을 뿐이다. 이미 천연(天然)의 힘을 속박해서 내 범위 안에서 농락하고 있기 때문이다.
> - 후쿠자와 유키치,『문명론의 개략』, 제4권 제7장「지덕(智德)이 행해져야 하는 시대와 장소를 논함」.

여기에서 '천연天然'은 지금으로 말하면 '자연'을 가리킨다. 후쿠자와는 인간이 이성이라는 지혜를 발휘하면 자연을 마음대로 부릴 수 있다고 보며, 심지어는 자연을 "인간의 노예"라고 말하고 있다. 이것이 후쿠자와의 문명관이자 자연관이었다. 다나카 쇼조는 이러한 후쿠자와의 문명관과 비교해 조선의 동학농민군을 문명적이라고 평가한 것이다. 그렇다면 다나카 쇼조는 당시 일본과는 다른 문명을 생각하고 있었던 것이 아닐까? 그는 문명의 가능성을 동학농민군에게서 본 것이 아닐까? 실제로 고마쓰 히로시는 『다나카 쇼조의 근대(田中正造の近代)』(2001)에서 다음과 같이 말하였다.

> 청일전쟁과 관련해서 '문명=덕의'라는 쇼조의 문명관이 명확해진 것이나, 탁월한 '동학'관도 기억할 가치가 있을 것이다. '동학'에 대한 일본군의 대응이 쇼조의 마음속에 일본의 '근대문명'에 대한 회의를 낳게 하는 계기가 되었을지도 모른다. 어쨌든지 간에 청일전쟁 전에 쇼조에게 명확한 '근대문명' 비판이 보이지 않는 점은 주목해도 좋다.
>
> - 小松裕, 『田中正造の近代』, 311쪽.

이는 청일전쟁 전까지만 해도 일본의 근대화에 우호적이었던 쇼조가 청일전쟁을 계기로 비판 의식을 갖기 시작했고, 그와 동시에 '도덕적 문명관'을 확립했음을 말해준다. 그리고 그 도덕적 문명관을 조선의 동학농민군에게서 본 것이다. 고마쓰 히로시의 추측에 의하면, 쇼조는 동학농민군과의 만남을 계기로 근대 일본에 대한 회의를 느끼기 시작했고, 일본의 근대와는 '다른 근대'에 대한

생각을 품기 시작했다. 이러한 쇼조의 근대를 《아사히신문》의 죠마루 요이치上
丸洋一 기자는 '자기식 근대自前の近代'라고 표현하였다.("東学農民戦争をたどって(4) 自前
の近代を追求して",《朝日新聞》(2019. 1. 18.))

종교에 눈을 뜨다

다나카 쇼조의 문명관과 동학관을 논하는 데 있어서 빼놓을 수 없는 것이
바로 '종교'이다. 그는 광독 문제에 몰두하면서 다른 한편으로는 동학농민군에
관심을 기울이고 있었는데, 1895년 여름에 비로소 종교로 돌아오게 되었다고
고백하였다.

> 나는 메이지 19년(1886년)부터 23년(1890년)까지 잠들고 있었다. 23년(1890
> 년)부터 조금씩 눈을 뜨다가 28년(1895년)에 마침내 종교에 생각이 미쳐서
> 19년(1886년) 이전의 '올바른 사람[正人]'으로 돌아갔다.
>
> -『田中正造全集』 제9권, 岩波書店, 1977, 461쪽.

이 고백에 의하면, 쇼조의 인생에서 1895년은 '종교적 회심'을 한 해인 셈
이다. 그는 어렸을 때 후지코富士講라는 민중 종교를 신앙하면서 자랐다. 그러
다가 서구 근대사상을 접한 이후로는 그것과 결별하게 된다.(小松裕,『田中正造の近
代』, 61쪽) 그렇다면 쇼조는 어떻게 다시 종교와 만날 수 있었을까. 분명 1895년

을 전후로 그가 다시 종교에 귀의하게 된 계기가 있었을 것이다. 기타지마 기신北島義信은 그것을 청일전쟁으로 본다. 즉, 쇼조가 청일전쟁을 계기로 자신이 과거에 믿고 있었던 후지코 신앙에 대한 재평가를 했을 것이라고 추측한다. 그의 말이 맞다면, 청일전쟁은 어떻게 다나카 쇼조로 하여금 종교에 눈을 뜨게 한 걸까?

여기에서 우리는 '동학'을 다시 소환하지 않을 수 없다. 「조선잡기」에서 다나카 쇼조는 전봉준에 대해 "종교를 통해 개혁을 하고자 했다"고 평가하였다. 실제로 전봉준은 포로로 붙잡혀 심문을 받을 때 "동학은 수심경천守心敬天하는 사상이기 때문에 매우 좋아한다"고 진술한 적이 있다.(『전봉준공초』) 여기에서 '수심경천'은 지금으로 말하면 '종교적 태도'에 해당한다. 그렇다면 다나카 쇼조는 동학농민군의 도덕성 안에 종교성이 있음을 알았고, 그것을 계기로 종교를 다시 생각하게 된 것이 아닐까? 실제로 1894년 8월 19일에 쇼조가 쓴 일기에는 종교와 청일전쟁에 대한 이야기가 동시에 언급되고 있다.

> 일청(日淸)문제, 군함사건[軍艦之事], 조선흥폐(興廢) (…) 광독조사 (…) 대외(강)경파, 천하 모두 (강)경파이다. 종교는 산림과 같고 산악과 같다. 나무가 있으면 우로(雨露)를 유지하고, 나무가 마르고 뿌리가 썩은 때에는 비가 내리면 토사(土砂)가 흐른다. (…) 아! 지금의 종교, 지금의 산림, 지금의 경제는 모두 매한가지다.
>
> ─『田中正造全集』제9권, 岩波書店, 1977, 418~420쪽.

이 일기는 쇼조의 관심이 전쟁과 종교 그리고 생태에 걸쳐 있음을 보여 준다. 여기에서 쇼조는 종교를 산림에 비유하면서, 당시 상황을 종교와 산림이 황폐화된 시대라고 개탄하고 있다. 그렇다면 우리는 다음과 같은 가설을 세워볼 수 있을 것이다. 1894년에 동학농민혁명 소식을 접한 다나카 쇼조는 종교를 통한 민중혁명의 가능성을 보았고, 1894년 8월 19일 자 일기에 '종교의 중요성'을 언급하였다. 그리고 1895년 7월 일기에 "비로소 종교에 생각이 미쳤다"고 고백한 후, 다음해에 「조선잡기」에서 "전봉준의 뜻은 종교로 개혁을 시도하려 하였다"고 평가한 것이 아닐까?

공공을 실천한 다나카 쇼조

지금까지 다나카 쇼조의 일생을 광독의 문제와 동학에 대한 평가를 중심으로 살펴보았다. 이 과정에서 '민중·도덕·종교'라는 키워드가 부각되었다. 그리고 이 세 가지 키워드를 중심으로 우리는 쇼조가 '다른 근대, 다른 문명'을 꿈꾸었음을 알 수 있었다. 그렇다면 쇼조는 어떤 계열의 사상가로 자리매김할 수 있을까? 민중의 편에 서서 끝까지 저항했다는 면에서는 '민중사상가'라고 볼 수 있을 것이다. 자연을 황폐화하지 않는 것이 참된 문명이라고 말한 면에서는 '생태사상가'라고 평가할 수도 있다. 한편 그는 젊었을 때 도치기 현을 대표하는 '자유민권운동가'로 이름이 알려지기도 했다. 그렇다면 이 영역 부분을 아우를 수 있는 개념은 무엇일까?

고마쓰 히로시는 다나카 쇼조를 '공공사상가'로 부른다. 그것은 그가 '공공公共'이라는 말을 가장 애용했기 때문이다. 쇼조의 『전집』에는 '공공'이라는 말이 총 160여 차례나 나오고 있다. 가령 "온 몸으로 공공에 이바지하겠다"라거나 "공공협력상애公共協力想愛" 또는 "천산天産은 공공의 이익"과 같은 표현이 그것이다. 그런데 이중에서 절반이 넘는 것들이 1907년 이후에 집중적으로 쓰이고 있다. 이 시기는 쇼조가 야나카 마을에 거주하면서 민중을 발견한 때이다. 그리고 생태지향적인 문명론이 정립되는 시기이기도 하다. 그는 '공공'을 통해 민중·생명·도덕 등의 요소를 말한 것이다. 아마도 이 점이 동학과 쇼조를 극적으로 만나게 하는 다리 역할을 하였을 것이다. 다시 말해, 쇼조는 '공공公共'을 매개로 동학과 만났고 이것을 계기로 일본을 다른 관점에서 바라보는 시선을 갖게 된 것이다.

2부

행함
doing

1

러시아 제독 푸탸틴
러시아, 아시아를 만나다

문준일 | 원광대 동북아시아인문사회연구소 HK교수

푸탸틴 제독의 일본과의 만남

1852년 10월 7일 러시아 군함 팔라다는 승무원 426명을 싣고 크론슈타트 항구를 떠난다. 크론슈타트는 1905년 러일전쟁 당시 일본과의 전쟁을 위해 발틱 함대가 출발한 바로 그 항구이다. 러시아 황제 니콜라이 1세는 에프피미 푸탸틴Yevfimy Putyatin(1803~1883) 제독을 전권대사로 임명하여 일본과의 통상조약 체결이라는 임무를 맡겼고, 임무를 수행하기 위해 푸탸틴은 함대를 구성하는데 그가 탄 기함이 팔라다호였다.

얼마 전 미국이 같은 목적으로 페리 제독을 일본으로 보낸 것도 러시아가 서둘러 푸탸틴을 일본에 보낸 이유 중의 하나였다. 푸탸틴은 발트해에서 출발해 영국의 도버해협을 통과하고 아프리카 희망봉을 돌아 인도양을 지나서 자

예프피미 푸탸틴(1803~1883)
출처: 위키피디어

팔라다호
출처: 위키피디어

바섬과 싱가포르를 거쳐 일본으로 가는 경로를 택한다. 당시 러시아 함대에서
가장 아름다운 배라고 불렸던 팔라다호는 1831년에 건조되어 이미 세월의 무
게를 겪은 탓인지, 이런 장거리 항해를 감당하기에는 힘들었던 것 같다. 게다가
항해 초기부터 여러 사고를 당해 수리를 하면서 희망봉까지 왔으나, 강한 폭풍
을 만나자 배의 들보가 제자리에서 이탈하고 물이 새기 시작했다. 푸탸틴 제독
은 본국에 새로운 함선을 보내 달라는 전문을 보낸다. 어찌 되었든 악전고투 끝
에 푸탸틴 제독은 거의 1년에 걸친 긴 항해를 마치고 팔라다호와 함께 나가사
키에 도착한다. 때는 1853년 8월 10일이었고, 미국의 페리 제독이 일본에 흑선
을 끌고 도착한 지 한 달이 지난 뒤였다. 일본은 통상조약을 요구하는 러시아에

지연 작전으로 응답했다. 한 달간의 협상 끝에 쇼군에게 보내는 러시아 외무대신의 국서를 9월 9일에야 나가사키 영주에게 겨우 전달할 수 있었다. 이후 에도로부터 막부의 전권대사가 도착하기를 기다렸지만, 그로부터 답이 없자 푸탸틴은 식료품 보충 등 재정비를 위해 11월 11일 상하이로 출발하였다. 그는 본국에서 보낸 새로운 기함인 디아나호로 갈아타고 12월 24일 나가사키를 다시 방문한다. 그렇게 2년에 걸쳐 5번의 교섭을 하고 나서야 1855년에 일본과 '시모다下田 조약'이라 불리는 일러통호조약을 체결할 수 있었고, 통상에 관한 항목과 러시아와 일본의 국경선에 관한 내용을 결정지었다. 시모다 조약은 러시아와 일본이 맺은 첫 번째 조약이었다.

시모다 조약과 러시아 영토분쟁

시모다 조약에 따라 양국은 외교 관계를 체결하게 된다. 통상에 관해서는 러시아 선박에 하코다테, 나가사키, 시모다 항구를 열어 주고, 일본 관리의 감독하에서 한정된 규모로 통상을 허가하였다. 위의 세 항구 중 한 곳에 러시아 영사가 체류하게 되며, 러시아와 일본은 이 조약으로 양국 사이의 국경선을 정한다. 사실 푸탸틴 제독은 러시아를 떠나기 전, 니콜라이 1세 황제로부터 국경문제에 대한 훈령을 받았는데 대략 이런 내용이다.

국경문제에 관한 우리의 요망은 우리의 이익을 훼손하지 않는 범위에서 가능한 한 관대한 것이어야 한다. 쿠릴제도 가운데 러시아에 속하는 최남단은 우르프섬이고 이 섬을 러시아령의 남방에서의 종점이라고 말해도 괜찮겠다. 이에 따라 우리측은 이 섬의 남단이 일본과의 국경이 되고 일본측은 에토로후 섬의 북단이 국경이 된다.

이 내용은 시모다 조약에 그대로 반영되어 에토로후섬과 우르프섬 사이가 일본과 러시아의 국경으로 결정된다. 우르프섬보다 북쪽에 있는 쿠릴열도는 러시아에 속하며, 사할린은 양국이 경계를 나누지 않고 공동 점유하는 형태로 가져가기로 한다. 하지만 이 조약은 훗날 우리 언론에서 관습적으로 북방영토분쟁(남쿠릴열도분쟁)이라 부르는 기나긴 영토분쟁의 시작이 되었다. 사실 '북방영토'는 일본의 표현이고, 러시아의 시선에서는 '남쿠릴열도'이다. 그 논쟁점은 시모다 조약 2조의 "우르프섬보다 북쪽의 쿠릴열도는 러시아에 속한다"라는 표현에 있다. 이 말을 문자 그대로 해석하면 "우르프섬보다 북쪽의 쿠릴열도"라는 표현은 러시아가 우르프섬의 북쪽을 쿠릴열도로 생각하지 않는다고 해석될 수 있다. 따라서 북방 4도는 쿠릴열도의 범위에 들어가지 않으며, 2차 세계대전 후 일본이 포기한 쿠릴열도에도 포함되지 않는다는 것이 일본의 주장이다.

양국 간에 이 영토분쟁을 조정하려는 시도는 오래전부터 있었다. 첫 번째 시도는 1956년에 있었던 일소공동선언이다. 양국은 평화조약을 체결한 후, 4개의 섬 중 하보마이와 시코단이라는 2개의 섬을 일본에 인도하기로 하였다. 하지만 양국 간의 입장 차가 매우 커서 사실 협상의 진전은 없었다. 일본은 북방에 위치한 4개의 섬을 귀속하지 않으면 평화조약을 맺을 수 없다는 입장이고, 러시아는 일소공동선언에서 합의한 2개의 섬을 반환함으로써 영토문제를 해결하고 싶어 했다. 하지만 최근 러시아의 우크라이나 침공 이후, 일본이 러시아 제재에 동참하자 러시아는 일본을 비우호국 명단에 넣고 일본과의 최대 현안인 평화조약 교섭을 중단한다고 일방적으로 선언했다.

러시아와 일본의 상호 영향과 협력

러시아와 일본의 첫 접촉인 푸탸틴 제독의 방일은 서로 간에 많은 영향을 주고받은 행위였다. 푸탸틴 함대는 일본에 근대 문명의 매력을 보여 주기 위해 많은 물건을 가지고 왔었는데, 그 속에는 증기기관도 있었다. 훗날 도시바의 창립자가 되는 다나카 히사시게는 이 증기기관에 매료되어 일본 최초의 증기기관을 발명하게 된다. 또한 당시 요시다 쇼인은 외국 선박으로 밀항해서 구미제국의 실정을 배울 것을 결심했는데, 때마침 푸탸틴 함대가 나가사키에 기항 중이라는 사실을 알았다. 쇼인은 나가사키로 가서 러시아 군함에 오르고자 했으나, 러시아 군함이 이미 상하이로 출항하여 그의 밀항 계획은 이루어지지 못했다. 1854년 1월 페리가 다시 내항하면서 3월에는 일미화친조약이 맺어졌다. 재차 밀항을 결의한 쇼인은 시모다로 달려갔다. 그는 한밤중에 가네코 시게노스케와 함께 작은 배를 저어 미국 함선에 도달하기는 했지만, 페리와의 면회는 허용되지 않았고 다시 송환되었다. 쇼인은 막부 직할령 관청에 곧바로 자수하고 에도의 덴마초 감옥에 투옥되었다.

히사시게 다나카가 만든 일본의 첫 번째 증기기관
출처: [https://japanese-sword.ru/putyatin/]

1855년 러시아와 일본은 2년여의 협상 끝에 시모다 조약을 체결했다. 그런데 새로운 기함 디아나호를 타고 일본을 다시 찾은 푸탸틴에게 또 다른 난관이 닥친다. 교섭을 위해 시모다에 정박해 있던 디아나호가 안세이 대지진과 연이은 쓰나미로 피해를 입게 된 것이다. 푸탸틴은 배를 수리하고자 인근의 헤다로 견인하려 했지만, 디아나호는 결국 침몰하게 된다. 수병들은 침몰하는 디아나호에서 쓸 수 있는 물건들을 최대한 끄집어냈고, 천운인지 그 속에는 러시아 스쿠너선의 설계도가 있었다. 러시아 장교와 수병들은 그 설계도를 바탕으로 헤다에서 러시아로 돌아갈 배를 건조하기 시작한다. 이때 현지 주민들이 큰 도움을 준다. 숲에서 나무를 베고, 송진과 타르를 모으고 돛을 만드는 작업에 현지 주민들이 참가하였고, 일본 관리들은 그 과정을 매일 꼼꼼히 기록하였다. 일본이 서양식 배를 건조해보는 첫 경험이었다. 2달여가 지나 일본에서 건조한 첫 서양식 군함이 만들어졌고, 배의 이름은 그 지역명을 따서 '헤다'로 붙였다. 푸탸틴 제독은 헤다호를 타고 귀국길에 올랐고, 이후 막부는 헤다호를 모델로 한 서양식 군함 3척을 더 건조하라고 명령한다. 어떻게 보면 헤다호가 일본 함대의 어머니가 된 셈이다. 일본이 이렇게 서양식 소형 목재선박을 만들기

헤다호 진수 장면
출처: [https://dzen.ru/a/Xlixj23BfTMQbYr1]

시작해 강력한 철제군함을 보유하기까지는 50년이 채 걸리지 않았다. 훗날 일본은 그 군함들로 1905년 대마도 근처에서 어떻게 보면 자신들에게 기술을 전수한 러시아를 격파한다. 격파당한 러시아 함대는 팔라다가 출발한 바로 그 크론슈타트 항구에서 출발하였다. 역사의 아이러니이다.

가와지 도시아키라의 사진
출처: [https://japanese-sword.ru/putyatin/]

160여 년이 지났지만 러시아와 일본의 첫 공동 협력의 산물이었던 헤다호는 아직 일본인들의 기억에 남아있다. 매년 헤다시에서는 항구축제인 '미나토 마츠리'가 진행되는데 현지 주민들은 그 행사를 '푸탸틴 마츠리'라고도 부른다.

시모다 조약에 참가했던 일본 대표

는 가와지 도시아키라이다. 러시아 협상단이 그를 사진 찍고 싶어 했으나 가와지 도시아키라는 완곡히 거절한다. 그가 쓴 시모다 일지에 나와 있는 내용을 보면 거절의 이유는 다음과 같다. "난 외모가 아름답지 않고 늙어서 추하게 되었소. 내가 사진을 찍으면 나를 일본인의 전형으로 여길 텐데 진정한 일본 남성들이 뭐라 말하겠소? 게다가 러시아의 미녀들이 나를 보고 비웃는 것도 원치 않소." 그러자 러시아 대표들은 그에게 전혀 걱정할 필요가 없다고, 어리석은 여자들만이 남자를 외모로 판단하고, 현명한 여자들은 전혀 그렇게 생각하지 않는다고 그를 설득한다. 설득 끝에 가와지 도시아키라는 아래의 사진을 남기게 되었다.

거문도, 해밀턴, 그리고 철쭉

푸탸틴 제독의 함대는 일본과의 협상 당시 조선을 두 차례 방문한다. 첫 번째는 1854년 4월 2일부터 7일까지 거문도에 정박했고, 두 번째는 4월 20일 동해안을 따라서 5월 11일까지 탐사 활동을 한다. 나가사키에서 출항한 팔라다호는 울산만에서 두만강까지의 동해 연안을 조사하여 기존 지도의 오류를 수정한다. 그 결과 1857년 당시 가장 자세한 한반도 동해 연안 지도가 나왔다. 그들은 조선 땅을 밟은 최초의 러시아인들이었고, 이 두 차례의 조선 방문은 우리에게 매우 중요한 의미를 가져다 주었다.

첫 번째 방문, 즉 거문도 정박은 매우 흥미롭게도 한국의 식물이 전 세계

학계에 보고되는 결과를 낳았다. 당시 영국인이 거문도를 '해밀턴항'이라고 명명한 것은 우리에게 익히 알려진 사실이다. 1845년 영국의 사마랑호가 제주도와 거문도 해역을 탐사한 후, 에드워드 벨처 함장은 1848년 『사마랑호 탐사항해기』라는 책을 펴냈다. 여기서 그는 당시 영국 해군성 차관의 이름을 따서 거문도를 '해밀턴항'이라고 명명했다. 하지만 거문도가 해밀턴항이라는 이름으로 서방에 알려진 후, 찾아온 첫 손님은 러시아 함대였다. 전권대사였던 푸탸틴 제독의 비서로 동행했던 당대 유명한 러시아 소설가 곤차로프는 팔라다호의 여행기를 기록하여 펴냈는데, 그것이 『전함 팔라다』이다. 그 책에는 거문도에 도착한 러시아 함대를 맞이하는 조선인들에 대한 기록이 자세히 남아 있다.

러시아 선원들이 거문도에 보트를 타고 접근하자, 여자들과 아이들은 산으로 피신했고 남자들은 무리 지어 선원들의 옷을 붙잡으며 마을에 들어오지 못하게 애써 막았다. 이 이야기에서 양인들을 대했던 당시 조선인들의 두려움이 느껴진다. 그렇지만 당시 서양인들의 동양 여행기들과 마찬가지로 조선인들, 아니 당시 동양인들을 미개한 듯이 보는 오리엔탈리즘적 시선이 느껴진다. 『전함 팔라다』에서 조선인의 모습은 "맨발에 헝클어진 머리를 한 지저분한 평민들"이나 "담장 쌓는 솜씨가 형편없는 것으로 보아 조선인들은 노력을 싫어하고 게으른 민족일 것"이라고 표현되고 있다. 그런데 곤차로프는 조선인들이 착용한 흰 옷과 갓에 매우 흥미를 느낀 듯하다. 또한 조선의 내부 사정과 정치 상황, 생산물들, 주민들의 관습 등 조선에 대한 정보가 아직 많지 않다고 쓰고 있는 것으로 보아 당시 러시아에게 조선은 미지의 땅이었던 같다. 그래서인지 곤차로프는 조선인을 "극동에 속한 맨 마지막 민족"이라고 쓰고 있다. 특히 이 여행기에는 함대에 동행했던 정교회 북경선교단의 아바쿰 신부가 전해 주는 조선의 이야기가 담겨 있는데, 그중에서도 조선의 군주가 왕위에 오를 때 중국 황제의 승인을 받는다거나 중국 황제에게 새해 축하를 위해 매년 200여 명의 사절단이 중국에 다녀온다는 내용으로 조선이 중국에 종속되었다는 것을 알 수 있다고 적어 두었다.

배로 찾아온 조선인들에게 차와 흑빵, 건빵과 럼주를 대접하였다는 장면도 나온다. 어쨌든 역사적으로 한국 땅에 첫발을 디딘 서양인은 푸탸틴 함대였고, 거문도의 주민들은 동양과 서양의 역사적인 만남의 주인공이 되었던 것이다. 선실에서 그들은 술과 다과를 대접받고 피아노를 생전 처음 보게 된다. 곤차로프는 피아노 소리를 처음 들은 조선 사람들의 놀란 모습을 그리고 있는데, 우리 측 기록인 〈일성록(日省錄)〉에는 팔라다호를 조사한 함경도 영흥부 관헌이 함장실의 피아노를 보고 "방안에 마치 바둑판같은 것이 있는데 그 소리는 거문고 소리와 같다"라고 쓰여 있다.

러시아인들은 당시 찾아온 조선인들과 필담을 통해서 의사소통하였다. 러시아 정교 제2차 북경전도단 단원으로 북경에서 10년간 체류했던 이바쿰 신부가 중국어를 할 수 있었기 때문이다. 러시아인과 조선인들의 만남에서 매우 흥미로운 대목은 선실에서 예수의 성상을 본 조선인들이 이 사람이 누구냐고 물어보는 장면이다. 러시아인들이 아주 어렵게 설명해 주자 조선인들이 자리에서 일어나더니 성상을 향해 몸을 깊숙이 숙여 경건하게 절을 하였다는 것이다. 타인의 신적 존재를 예의와 경배로 대하는 조선인의 마음이 드러나는 순간이었다.

그 후로도 푸탸틴 함대는 조선에 대한 다양한 조사 활동을 벌이는데, 그중에는 식물표본 채집도 있었다. 이것을 담당한 장교는 슐리펜바흐 남작이었다. 독일계 러시아 귀족이었던 그는 1854년 4월 동해안에 접근했는데, 마침 그때가 철쭉이 만개했을 시기였다. 그는 철쭉을 페테르부르크의 식물원으로 보냈고, 그 식물을 연구해서 유럽 학계에 보고한 인물은 러시아의 식물학자 카를 막시모비치였다. 이 과정은 한국의 식물을 채집해서 서양에 연구 자료로 제공한 최초의 사례였다. 막시모비치는 이 식물의 학명을 자신이 직접 붙이는데, 그렇게 해서 철쭉의 학명은 로도덴드론 슐리펜바키 막심Rododendron shilippenbachii Maxim.으로 재탄생한다. 로도덴드론은 '붉은 나무'를 뜻하는 속명이고, 종명에는 철쭉을 발견한 러시아 해군 장교 슐리펜바흐의 이름을 넣고, 마지막에는 명명자 자신의 이름을 넣은 것이다. 이것이 우리 강산의 대표적인 봄꽃인 철쭉의 학명에 러시아 이름이 들어가게 된 역사이다.

독도, 메넬라이, 올리부차

푸탸틴 함대의 두 번째 조선 방문은 1854년 4월 20일부터 5월 11일까지 이루어진 동해안 탐사였다. 그 기간에 푸탸틴 탐사대는 울산만에서 두만강 하구에 이르는 동해안 전역을 실측하였다. 독도전문 연구자 김영수에 따르면, 푸탸틴 함대의 소속 함정 중 하나인 올리부차는 1854년 4월 6일 대한해협을 지나 타타르 해협으로 항해하다가 독도를 발견하고 서도를 '올리부차', 동도를 '메넬라이'라고 이름 붙였다. 러시아 해군성 문서에는 다음과 같이 기록되어 있다.

아침에 발견한 2개의 높은 바위는 반나절 동안 시야에 있었으며, 이제 명확해졌다. 2개의 제법 높고 예각의 발가벗은 바위는 642미터 떨어져 있었다. 이들 중 서쪽 섬은 북위 37-13도, 동경 131-55도에 위치하고 있다. 이들 중 더 높은 서쪽 섬을 '올리부차'라 명명하였다. 동쪽 섬을 (…) '메넬라이'라고 불렀다. '올리부차'에서 북서쪽으로 2마일 가량 물위에 나타난 암초였다. 올리부차 및 메넬라이 섬을 청명한 일기상태의 30마일 거리에서 발견하였다. 1854년 4월 6일(양력4.18) 우리 함정은 올리부차 서쪽 4마일 해상에서 반나절 동안 머물렀다.

이렇듯 서양 국가로는 처음으로 러시아는 독도의 서도와 동도, 두 섬에 이름을 붙인 국가이자 실측에 기초하여 독도를 정확하게 좌표에 기입한 최초의 국가이다. 그 후 러시아 해군성 수로국은 이런 탐사의 결과를 반영하여, 1857년 '조선 동해안 지도'를 발간함으로써 독도를 한국의 영토로 공식 인정하였다. 이후 푸탸틴은 러시아로 귀국한 뒤 일본과의 통상협정을 체결한 공으로 백작의 작위를 수여 받고, 1857년에는 톈진조약에 러시아 측 대표자로 참가하게 된다.

푸탸틴 탐사대의 일본 미션은 고난의 연속이었다. 앞서 말한 대로 노후한 팔라다호로 나가사키에 겨우 도착하였으나, 이후에는 도저히 운용할 수 없는 상태가 되어 침수시킨다. 팔라다호를 대신하여 파견된 디아나호는 시모다에서 지진과 쓰나미를 만나 침몰당한다. 침몰하는 디아나호에서 설계도를 건져낸 러시아 수병들은 현지 일본에서 그 설계도대로 배를 건조해 러시아로 귀국한다. 마치 한편의 오디세이를 보는 듯하다. 푸탸틴의 일본 개항은 제국주의 시대답게 러시아의 국익을 철저히 관철시킨 행위였다. 하지만 푸탸틴 탐사대는 본의 아니게 일본에 선박 건조술을 전파하게 되었고, 일본의 기술 발명에 촉매 역할을 하게 된다. 그 후에 이어진 한국에서의 학술탐사와 수로측량 활동은 한국의 대표적인 꽃 철쭉을 국제학계에 알리는 계기였다. 그렇게 철쭉은 러시아인의 이름이 들어간 학명을 얻게 되고, 독도의 존재 역시 러시아 지도에 기록되는 결과로 나타났다. 19세기 중반, 어느 러시아 제독과 일본의 만남, 또 한국과의 만남은 이렇게 시작되었고, 그 결과는 오늘날까지도 이어지고 있다.

2

야마가타 아리토모
일본 육군을 만들다

윤현명 | 원광대 동북아시아인문사회연구소 HK연구교수

야마가타 아리토모에 대해

야마가타 아리토모山県有朋(1838~1922)는 근대 일본의 군인·정치가이다. 에도 막부 말기에 태어난 그는 메이지유신에 참가해 메이지 정부의 지도층이 되었다. 그리고 근대 일본의 대내외 정책에 강력한 영향력을 행사하는 인물이기도 했다. 야마가타 아리토모는 메이지 정부의 핵심 지도자라는 점과 근대 일본의 체제 구축과 제국주의적 팽창에 커다란 영향력을 행사했다는 점에서 이토 히로부미伊藤博文(1841~1909)와 비견되는 인물이다. 더욱이 두 사람은 정치적으로 동료이자 라이벌이었다. 하지만 한국에서 야마가타 아리토모의 이름은 별로 유명하지 않다. 연구자들은 알고 있지만, 대중적인 인지도는 거의 없다. 이토 히로부미가 한국에서 대중적으로 잘 알려진 것과는 매우 대조적이다.

야마타가 아리토모- 야마가타 아리토모의 이
미지 중 가장 널리 알려진 사진이다.
출처: 위키피디아

아마도 그 이유는 이토 히로부미가 일본의 한반도(대한제국) 병탄에 선도적인 역할을 했기 때문일 것이다. 1905년 러일전쟁 이후, 일본은 한반도를 본격적으로 식민화하는 작업을 추진했는데, 그때 한국에 파견된 이토는 대한제국과의 협상을 담당했다. 이토의 그런 활동에 대해서는 메이지 정부의 다른 지도자들도 동의하였다. 하지만 이토의 역할이 워낙 인상적이었는지, 한국 사회에서는 이토 히로부미를 한반도 침략의 핵심 인물로 기억하고 있다. 반면 야마가타 아리토모는 그다지 알려져 있지 않다. 하지만 야마가타 아리토모는 근대 일본, 제국주의 일본을 생각하는 데 있어서 매우 중요한 인물이다. 그는 일본 육군의 건설자이자 메이지 정부의 지도층 인사였고, 말년에는 정계와 군부를 좌지우지하는 원로元老로서 강한 영향력을 행사했다. 그 영향력을 바탕으로 청일전쟁·러일전쟁의 개전 결정, 한반도의 식민지화, 러일전쟁 이후의 군비 증강에도 주도적으로 관여하는 등 일본의 대외 팽창을 위해 한평생 노력한 인물이다. 그런 의미에서 야마가타 아리토모의 정책은 일본을 넘어 동북아의 역사에도 커다란 영향을 끼쳤다고 할 수 있다.

하지만 뭐니 뭐니 해도 야마가타의 행적 중 가장 중요한 것은 일본 육군의 건설이라 할 수 있다. 근대 일본군은 1871년 어친병 御親兵이라는 이름으로 창설되었고 그 후 청일전쟁, 러일전쟁, 제1차 세계대전과 시베리아 출병, 만주사변 및 중일전쟁과 태평양전쟁 등 동북아를 무대로 전쟁을 벌이며 일본 제국주의를 지탱했다. 그래서 동북아의 근대사에는 일본군이 심심치 않게 등장한다. 그만큼 일본군이 동북아 전체에 커다란 영향(혹은 피해)을 끼쳤던 것이다. 참고로 현대에 와서도 한국의 군대에서는 오랫동안 각종 용어를 근대 일본군의 용어와 똑같이 사용했다. 내무반 內務班, 병영 兵營, 기상 起床, 점호 點呼, 고참 古參, 신병 新兵, 하사관 下士官 등 한자까지 똑같이 사용했던 것이다. 이는 한국군의 조직 체계가 일본군의 영향을 상당히 많이 받았다는 것을 의미한다.(현재는 조금씩 변하고 있다)

그래서인지 일본 학계에서는 일찍부터 야마가타 아리토모가 근대 일본을 제국주의, 군국주의로 이끈 인물로 평가하며 주목해 왔다. 그리고 근년에는 그의 정책과 사상을 재평가하면서 극단적인 제국주의, 군국주의가 아니라는 연구도 이루어지고 있다. 한국 학계에서는 한반도 침략과 관련해 주로 야마가타의 대외 전략에 주목하는 연구가 이루어지고 있다.

한편, 필자는 야마가타의 행적 중 육군 건설에 초점을 맞추고자 한다. 그래서 야마가타 아리토모가 일본 육군을 어떻게 건설했는지를 서술할 것이다. 이를 통해 동북아를 무대로 활동하면서 대외 침략·정치 개입으로 악명 높았던 일본 육군의 출발이 어떠했는지를 살펴보도록 하자.

야마가타와 메이지유신

야마가타 아리토모는 1838년에 태어났다. 이때 일본은 도쿠가와 막부가 지배하던 시기였다. 그는 조슈 번長州藩(오늘날의 야마구치 현)의 하기萩에서 태어났다. 신분은 비록 무사였지만 아시가루足軽라는 최하층 무사였기에 보통의 무사 계급과는 구별되었다. 5살 연상의 누나가 있긴 했지만, 가정적으로 그는 우울하게 자랐다. 5살(만 3~4세) 때 병으로 어머니를 잃은 그는 할머니의 품에서 자랐고, 23살에는 병으로 아버지를 잃었으며, 그 후 4년 3개월이 지나고 자신을 키워준 할머니마저 자살했기 때문이다. 따라서 부모의 애정을 제대로 느끼지 못했을 가능성이 있다. 그래서 어떤 연구자는 그의 애정 결핍과 훗날의 권력욕을 연결 짓기도 한다.

유년기와 청소년기를 거치면서 야마가타는 아버지의 영향으로 국학國學과 시 등을 익혔고, 검술과 창술 등의 무술도 열심히 익혔다. 아마도 그는 검술과 창술이 언젠가 크게 쓰일 것으로 생각했던 것 같다. 어쨌든 그는 무사 계급에 속했고, 그 때문에 본인이 속한 번을 위해 군인으로 근무해야 했다. 17살에는 번 내의 치안 업무를 수

기병대 군감 시절의 야마가타 아리토모
출처: 위키피디아

행하는 무사가 되었다. 야마가타가 성장하던 시기는 격동의 시대였다. 1853년 미국의 페리 제독의 내항을 계기로 일본은 서구에 문호를 개방하게 되었다.

그 후 일본 사회에서는 국가의 진로를 둘러싼 논쟁이 벌어졌는데, 무사 중에서도 새로운 국가, 새로운 질서를 만들고자 하는 이들이 늘어갔다. 평생 자신이 속한 지역에서 근무하는 것을 넘어, 일본의 독립을 지키고 체제를 바꾸고자 정치 운동에 뛰어든 것이다. 젊은 무사들은 무술을 연마하며, 행동할 기회를 노리고 있었다. 야마가타도 그런 무사 중의 하나였는데, 그는 당시 사상가이며 교육자였던 요시다 쇼인吉田松陰(1830~1859)의 쇼카손주쿠松下村塾에 들어가 문하생이 되었다. 요시다 쇼인은 일본의 근대화와 대외 팽창을 내세우며 천황 중심의 새로운 질서를 주장했던 존왕파尊王派 인사로서, 야마가타가 입문한 지 얼마 안되어 막부에 의해 체포·처형당했다. 하지만 당시 요시다 쇼인의 제자였던 기도 다카요시木戸孝允(1833~1877), 다카스기 신사쿠高杉晋作(1839~1867), 야마가타 아리토모, 이토 히로부미 등은 훗날 스승의 사상을 실행에 옮기게 된다.

당시 일본에서는 전국적으로 존왕양이운동尊王攘夷運動이 퍼져가고 있었는데, 이것은 천황 중심의 정치·외세 배격을 주장하며 막부에 반대하는 운동이었다. 이때 야마가타도 기도 다카요시, 다카스기 신사쿠, 이토 히로부미 등과 함께 존왕양이운동에 참가했다. 기도 다카요시를 중심으로 하는 조슈의 존왕양이 인사, 즉 지사志士들은 조슈번의 정치적 주도권을 장악하며 반체제 운동을 공고히 했다. 그 결과 조슈번은 막부에 반대하는 반체제 지역이 되었고, 결국 막부는 두 차례에 걸쳐 조슈 정벌을 단행하기에 이른다. 이때 야마가타는 기병대奇兵隊의 군감軍監이 되어 조슈번을 위해 싸웠다. 여기서 기병대는 말을 타는 기병대가 아니라, 신분을 따지지 않고 편성된 일종의 비정규군이었다. 그는 기병대를 지휘하며 막부의 군대와 싸웠다. 막부의 군사적 공세에도 불구하고 조슈번과 야마가타는 끝까지 살아남았다.

그 후 조슈번의 지사들은 라이벌이었던 사쓰마번薩摩藩(오늘날의 가고시마현) 그리고 천황 쪽 인사들과도 협력해서 정치적으로 막부 세력을 압박했고, 1867년 12월에는 메이지 천황을 내세워 쿠데타를 성공시켰다. 이들은 왕정복고를 선포하며 정부를 수립했는데, 이 정부를 메이지 정부라고 한다.(메이지는 1868년을 원년으로 하는 연호) 한편 이에 대해 막부는 군사적으로 메이지 정부를 쓰러뜨리고자 군대를 동원했다. 이에 내전, 즉 보신전쟁戊辰戰爭이 벌어졌는데, 이 전쟁에서 야마가타는 기병대뿐 아니라 여러 번이 포함된 대병력을 지휘하며 공을 세웠다. 막부 세력은 1869년에 완전히 진압되었고, 그 결과 도쿠가와 막부를 정점으로 한 막번체제幕藩體制(중앙의 막부와 지방의 번으로 구성된 체제)는 완전히 끝이 났다.

그 일련의 과정에서 공을 세운 야마가타 아리토모는 30대 초반에 메이지 정부에 합류하게 되었다. 메이지유신은 좁게는 막부 타도부터 메이지 정부의 수립까지를, 넓게는 메이지 정부가 행한 일련의 근대화 조치를 포함하고 있다. 야마가타는 그 두 과정에 모두 참여하며 권력의 입지를 굳히게 된다.

근대적 육군의 첫걸음, 징병제

메이지 정부의 주도 세력은 과거에는 존왕양이 운동 속에서 외세를 배격했었다. 하지만 일본의 발전을 위해서는 서구를 본받은 근대화가 필요하다는 것을 점차 깨달았다. 그래서 조슈번의 기도 다카요시, 이토 히로부미, 야마가타 아리토모, 이노우에 가오루井上馨(1836~1915), 사쓰마번의 사이고 다카모리西鄕隆盛(1828~1877), 오쿠보 도시미치大久保利通(1830~1878), 오야마 이와오大山巖(1842~1916), 구로다 기요타카黑田淸隆(1840~1900), 사이고 쓰구미치西鄕從道(1843~1902), 천황 쪽 인사였던 이와쿠라 도모미岩倉具視(1825~1883), 사이온지 긴모치西園寺公望(1849~1940) 등 메이지 정부의 지도층은 정부 수립 이후, 본격적으로 유럽과 미국을 시찰하며 서구 문물을 배워나갔다. 그는 행정구역의 개편, 교육제도의 개선, 봉건적인 신분제도의 폐지, 근대적 군사력의 건설 등 근대화 정책을 강력하게 시행했다.

그중 근대적 군사력의 건설은 매우 중요한 과제였다. 메이지 정부는 각 지역(번)의 군사력을 해체하고 징병제를 통해 근대적인 중앙군을 만들고자 했다. 그래서 병부성兵部省(국방부에 해당)의 책임자 오무라 마스지로大村益次郎(1825~1869)는 전면적인 징병제의 시행을 통해 중앙군을 편성하려고 했다. 하지만 오무라는 징병제에 반발하는 무사들에게 암살되었다. 그래서 육군의 건설과 징병제의 시행은 야마가타 아리토모가 담당하게 되었다. 그는 1870년 8월 유럽과 미국 시찰에서 귀국해 병부소보兵部少輔(차관 다음의 직위)에 취임했다. 야마가타는 선배였던 기도 다카요시의 지원을 받으며 육군 건설에 착수했다. 먼저 그는 급격한 개혁을 피하고 현실과 타협해 우선 각 번의 군대를 중앙군으로 재편하려고 했다. 이는 기존의 군인들이 당분간 직업을 유지하는 것을 의미했다. 한편, 중앙군 편성의 최대 걸림돌은 사이고 다카모리가 지휘하는 사쓰마번의 강력한 군사력이었다. 이에 1870년 12월, 야마가타는 이와쿠라 도모미, 오쿠보 도시미치 등 메이지 정부의 핵심 인사들과 함께 사쓰마의 실력자 사이고를 방문했다. 그리고 사이고를 설득해 사쓰마의 병력을 중앙군으로 편입시키는 데 성공했다.

그 결과 야마가타는 사쓰마, 조슈, 도사土佐(오늘날의 고치현) 3개 번의 군대를 통합해 중앙군으로 재편할 수 있었다. 중앙군은 약 1만 수천 명으로 구성된 어친병으로, 메이지 정부 직속의 첫 군사력이 되었다. 이 군사력을 배경으로 메이지 정부는 지역의 행정단위인 번을 폐지할 수 있었다. 1871년 7월, 야마가타는 병부대보(국방부 차관에 해당)가 되어 실질적으로 병부성을 주도하게 되었다. 그리고 1872년 2월 야마가타와 그의 동료들은 병부성을 폐지하고 육군성과 해군성을 설치했다. 이때 야마가타는 육군대보(육군부 차관에 해당)가 되었고, 육군 중장으로서 근위병(어친병의 후신)의 지휘관도 겸하게 되었다. 그 후 야마가타는 육군의 책임자가 되어 군제개혁을 주도하게 된다. 야마가타는 어친병을 폐지하고 이를 새롭게 근위병으로 재편했고, 번에 속한 군대를 해체한 후 지방의 주요 거점에 진대鎭臺를 설치하고 군대를 주둔시켰다. 이렇게 해서 메이지 정부는 중앙군인 근위병과 지방군인 진대병이라는 자체 군사력을 갖게 되었다.

하지만 야마가타 아리토모가 주도하는 육군 건설은 이제부터 시작이었다. 우선 야마가타 아리토모는 이전부터 추진하기로 마음먹었던 징병제를 시행했다. 당시 징병제를 실시한다는 것은 대단히 어려운 일이었다. 그것은 태어나면

도쿄 우에노 공원의 사이고 다카모리 동상
오쿠보 도시미치, 기도 다카요시와 함께 메이지 정부 수립의 최대 공로자였던 사이고 다카모리는 종국에는 메이지 정부에서 이탈한 뒤, 정부군과 싸우다 비극적인 최후를 맞이했다. 출처: 필자 촬영

서부터 군인 겸 공무원이 되는 무사 계급을 실업자로 만드는 일이었기 때문이다. 그러나 야마가타는 징병제가 꼭 필요하다고 보았다. 직업 군인인 무사만으로는 서구와 같은 대규모 군사력을 갖출 수 없기 때문이었다. 더욱이 그는 기병대를 지휘함으로써 무사가 아닌 사람들도 유능한 군인이 될 수 있다는 것을 알고 있었다. 그렇게 1873년 1월에 징병령이 발표·시행되었다. 이때 발표된 징병령은 지병이 있는 사람, 전과자, 공적 교육 기관의 학생, 공무원 재직자, 가문의

호주 및 상속자 등 광범위한 면제자를 포함하는 불완전한 제도였다. 사람들은 징병제에 분노했다. 무사 계급은 자신들의 직업이 사라지는 것에 분노했고, 농민들은 병역의 의무에 부담을 느껴 분노했다. 이에 메이지 정부는 공권력을 동원해 저항을 분쇄하며 징병제를 밀어붙였다.

징병제가 안정적으로 정착된 것은 1877년 세이난전쟁西南戰爭 이후의 일이다. 메이지 정부의 중요한 부분을 담당했던 사이고 다카모리와 그의 추종자들은 반대파와의 노선 갈등 끝에, 메이지 정부에서 이탈했다. 그리고 1877년, 근거지인 가고시마에서 군대를 일으켰다. 그들은 얼마 전까지 메이지 정부의 핵심 지도층이었다. 하지만 메이지 정부는 중앙 정부에 대항한 그들을 반란군으로 간주하고 진압에 나섰다. 이때 징병제로 구성된 정부군은 무사 계급이 주축인 사이고의 군대에 맞서 잘 싸웠다. 결국 야마가타가 추진한 징병제는 완전히 자리 잡았고, 이 내전을 끝으로 메이지 정부는 확고부동한 중앙 정부가 되었다.

독일식 군사제도의 도입

근대 일본의 지도자들은 서구를 본받아 각종 개혁을 실시해 나갔다. 그렇다면 야마가타 아리토모는 어떤 나라를 모델로 육군을 건설했을까? 그것은 독일이었다. 처음에 일본 육군은 프랑스식으로 건설되었다. 처음에 막부가 프랑스식으로 건설을 시작했기에 이를 따른 것이었다.

하지만 야마가타 아리토모는 엄격한 프로이센 군국주의 기반의 독일식 육군에 더 매력을 느꼈다. 특히 1871년 프로이센-프랑스전쟁에서 프로이센이 프랑스를 격파하고 독일을 통일하자, 독일식으로의 개편은 대세가 되어갔다. 더욱이 야마가타 외에도 메이지 정부의 지도층 역시 의회민주주의가 발달한 영국이나 프랑스보다는 위로부터의 강력한 지도력이 작동하는 독일의 체제에 더욱 호감을 느끼고 있었다. 그 결과 육군의 건설은 급속히 독일식으로 기울어지게 되었다. 그 결과 가쓰라 타로桂太郎(1848~1913) 등 야마가타의 후배들이 독일의 제도를 배워 와서 독일식 군사제도의 도입을 추진했다. 그렇게 독일을 본받아 병사들의 내무생활을 강화하는 한편, 군대 조직을 규격화했다. 이를 위해 부대 단위도 독일을 본받아 사단, 여단, 연대, 대대, 중대, 소대로 재편하고 기본 무장도 통일했다. 이와 같은 조치는 군대의 효율성을 높였다. 1885년 3월에 독일로부터 초빙된 군사교관 멕켈Klemens Wilhelm Jacob Meckel 소령은 독일식 군제개혁의 상징과도 같은 인물이었다. 육군대학교 교관으로서 그는 철도를 통한 군대의 이동, 기습과 기동성, 도하 훈련 등 19세기 후반 독일군의 전략·전술을 일본의 장교들에게 아낌없이 전수했다. 이를 통해 일본 육군은 더욱 체계적으로 발전해, 국내 치안을 넘어 해외 원정이 가능한 군대로 재편되어갔다.

하지만 독일식 군사제도의 도입 중 가장 주목할 만한 것은 참모본부의 독립일 것이다. 1878년 12월 야마가타 아리토모는 육군성에 속한 참모본부를 육군성과 대등한 기관으로 독립시켰다. 그래서 군대의 관리를 맡는 군정軍政 사항은 육군성이, 군대의 명령권인 군령軍令 사항은 참모본부가 담당하도록 했다. 이는 독일의 독특한 제도였다. 현대 대부분의 민주주의 국가에서는 국방부가 육군·해군·공군의 군정 사항과 군령 사항을 모두 통제한다. 그리고 대통령 혹은 수상은 국방부 장관을 통해 군대를 통제한다. 이것이 문민 통제이다. 그런데 오늘날의 국방부에 해당하는 육군성에서 참모본부를 독립시키면 대통령 혹은 수상은 육군성만 통제할 수 있을 뿐, 군의 작전 명령권을 가진 참모본부를 통제할 수 없게 된다. 그럼 참모본부는 누가 통제할까? 바로 천황과 연결되었다. 그럼 대통령 혹은 수상의 통제를 받는 육군성과 천황의 통제를 받는 참모본부가 대립할 수도 있게 된다. 실제로 메이지 천황은 참모본부의 독립에 이의를 제기했다고 한다. 육군성과 참모본부의 대립을 우려한 것이다. 하지만 야마가타를 비롯한 메이지 정부의 지도자들은 이를 밀어붙였다. 그들은 독일을 본받아 참모본부를 좀 더 독립되고 전문화된 조직으로 만들려고 했다. 아마도 그들은 그 부작용에 대해서는 그다지 걱정하지 않았을 것이다. 어차피 수상과 각 기관의 대신(장관)들, 육군과 해군의 모든 지휘관은 메이지유신에 참가했던 세력이었기 때문이다. 더욱이 독립된 참모본부의 장에는 야마가타 아리토모가 취임했다. 결국 지휘계통에 상관없이 실제로는 참모본부도 정부의 강력한 통제하에 있었던 셈이다.

천황제 이데올로기의 주입

군대의 규모가 커질수록 정부는 군대를 잘 통제해야 하는 법이다. 그리고 이를 위해서는 장병들의 충성심과 엄정한 군기가 필요했다. 1878년 8월, 세이난 전쟁에서 큰 공을 세웠던 근위 포병대가 처우와 논공행상에 불만을 품고 군사

반란을 일으켰다. 봉기는 곧 진압되었지만, 이때 육군경陸軍卿(육군부 장관에 해당)으로서 육군을 총괄했던 야마가타는 큰 충격을 받은 것 같다. 그래서 1878년 10월에 군인의 행동규범으로서 '군인훈계軍人訓戒'를 발표하고, 1882년 1월에는 '군인칙유軍人勅諭'를 발표했다. 전자는 주로 장교용이었고 후자는 전 장병을 대상으로 한 것이었는데, 그 핵심 사항은 천황에 대한 충성, 명령에 대한 복종, 군인의 정치 개입 금지였다. 그중 가장 중요한 것은 천황에 대한 충성이었는데, 군인칙유의 "짐은 너희, 군인의 대원수니라"라는 구절은 특히 유명하다. 즉, 군은 원래부터 천황의 직접적인 지휘를 받는 존재이므로 천황 폐하를 위해 목숨을 걸고 싸워야 한다는 것이었다. 그렇게 육·해군은 '천황의 군대'로 규정되었다. 이것은 훗날 일본 육군의 정체성으로 굳어지게 된다.

그렇다면 야마가타는 왜 천황에 대한 충성을 강조했을까? 당시 일본은 막번체제를 겨우 벗어난 상태였다. 그래서 당시 일본인들은 신분·지역에 대한 의식이 강한 반면에 국가에 대한 충성심이 거의 없었다. 그러므로 국가에 대한 충성의 표시로 천황을 내세웠던 것이다. 천황은 눈에 보이는 존재였기 때문에 충성의 대상으로 삼기가 수월했다. 이토 히로부미가 근대 일본의 헌법을 작성할 때, 국가의 구심점으로 천황을 채택했던 것도 비슷한 맥락이다. 더욱이 19세기 유럽에서는 군대가 국왕에게 충성을 맹세하는 것이 전혀 이상하지 않았다. 그러므로 시대적 배경을 볼 때, 야마가타의 천황 강조는 보수적이긴 했지만 극단적인 것은 아니었던 셈이다. 여기에 야마가타가 천황을 강조했던 또 하나의 이유가 있었다. 그는 군대가 정치에 개입하는 것을 경계했고 민주주의도 싫어했다. 그래서 군인의 정치 활동을 금지하는 동시에, 정치인이 군대 문제에 개입하는 것도 막으려고 했다. 그래서 야마가타는 일본군이 천황의 군대라는 것을 더욱 강조했다. 그 결과 일본 육군은 민주주의·자유주의와 커다란 벽을 쌓게 되었다.

육군 건설 이후의 야마가타

한편 야마가타의 노선에 대한 반대도 있었다. 가령 1880년대에 소가 스케노리曾我祐準(1844~1935), 미우라 고로三浦梧楼(1846~1926), 다니 간조谷干城(1837~1911), 도리오 고야타鳥尾小弥太(1848~1905)까지 4명의 장군을 중심으로 한 일부 군인은 야마가타 아리토모, 오야마 이와오를 중심으로 한 육군 주류를 견제하는가 하면, 육군 건설의 방향성에 대해서도 이의를 제기하고 나섰다. 가령 이들은 국토방위를 넘어선 군비 증강에 반대했다. 그러나 이 비주류파의 의견은 관철되지 못했고, 이 4명의 장군도 육군의 주요 보직에서 차례로 밀려났다. 이로써 육군 내에서 야마가타의 노선은 확고부동한 것이 되었다. 물론 이것은 야마가타가 메이지 정부 내 다른 지도자의 협조를 받은 결과이기도 했다. 어쨌든 일본 육군은 1870년대~1880년대에 야마가타의 노선대로 완성되어 갔다.

그렇다면 그 결과는 어땠을까? 청일전쟁은 일본 육군이 우수한 군대로 성장했다는 것을 증명해 주었다. 청일전쟁이 발발할 때 즈음, 일본 육군은 징병을 통해 7개 사단 규모의 근대식 군대로 성장한 상태였다. 그들은 엄정한 군기를 유지하며 일사불란하게 움직였다. 그래서 1894년 7월 풍도豊島 앞바다에서

일본군의 평양 공격을 묘사한 일본 측 그림
출처: 위키피디아

기습 공격을 가해 청국 해군을 격파한 다음, 해로를 통해 신속하게 육군을 이동
시켜 청국군을 성환과 아산에서 격파했다. 그리고 9월에는 평양으로 진격해 청
국의 육군을 결정적으로 격파하면서 한반도에서 청국군을 몰아내고, 황해해전
에서 청국의 북양함대를 격파했다. 이후 일본군은 요동 반도의 여순旅順과 산동
반도의 위해위威海衛를 신속하게 점령함으로써 청국군을 압박했다. 멕켈 소령으
로부터 배운 독일식 전술을 잘 활용했던 덕분이었다. 그렇게 일본 육군은 청일
전쟁에서 승리했다. 야마가타 노선의 효과가 증명된 셈이다.

　　야마가타 아리토모는 1882년에 참모본부장으로 있다가 1883년부터 내무
경(내무대신)에 취임했다. 그 후로는 내무대신, 사법대신, 내각총리대신, 추밀원
의장 등 주로 정치적 보직에 취임했다. 그렇다고 육군을 완전히 떠나지는 않았

다. 그는 육군 원수로서 평생 현역을 보장받았다. 더욱이 가쓰라 타로, 데라우치 마사타케寺内正毅(1852~1919) 등 그의 후배들이 야마가타 파벌을 형성하며 육군을 장악하고 있었기에 육군에 대한 그의 영향력은 꾸준히 유지되었다. 그의 행동 범위가 늘어남에 따라 야마가타 파벌은 육군뿐 아니라 귀족원, 관료층, 추밀원, 궁중 등으로 뻗어 나갔다. 그 결과 야마가타는 이토 히로부미와 함께 메이지 정부에서 가장 영향력 있는 인사가 되었고, 이토 히로부미가 암살된 후에는 정부 내에서 최고의 권력자가 되었다.

정치적 보직에 취임한 이후 그의 삶은 비교적 평온했다. 정계에서의 투쟁, 청일전쟁과 러일전쟁 등 국가의 중대사가 있었지만, 과거에 있었던 목숨을 건 싸움에 비할 바는 아니었다. 더욱이 그는 강대국 일본의 권력자였다. 그는 대내적으로는 민주주의를 억누르고 사회주의·노동 운동을 무자비하게 탄압했다. 또 대외적으로는 한반도의 침탈, 청일전쟁·러일전쟁에도 적극적으로 가담했다. 제국주의자로서 다른 나라를 주저 없이 희생양으로 삼았던 셈이다. 하지만 고통은 오롯이 억압받는 자의 몫이었기에 야마가타의 삶은 비교적 평온했다고 할 수 있다.

다만, 성인이 된 이후에도 야마가타는 가정생활은 그리 밝지 못했다. 그는 30대 초반에 16세의 도모코友子와 결혼해 아들 셋, 딸 넷을 얻었는데, 그중 둘째 딸을 제외하고는 모두 일찍 죽었다. 그리고 1893년 9월, 추밀원 의장에 취임했을 때는 아내를 잃었다. 도모코의 자녀 중 둘째 딸만 살아남았던 것이다. 당시의 많은 권력자가 그러했듯이 그에게도 여러 명의 내연녀가 있었는데, 그중 대표적인 사람이 사다코貞子였다. 그녀는 야마가타보다 약 32살 연하의 게이샤로,

도모코 사후에는 야마가타와 거의 사실혼 관계가 되었다고 한다. 야마가타는 매우 장수해서 1922년에 85세의 나이로 삶을 마감했다. 에도 막부 말기에 태어나 1920년대 일본이 세계 3대 해군국이 되는 것까지 보고 죽은 셈이다.

단, 야마가타는 자신이 도입한 제도가 대내외 상황과 맞물려 매우 나쁜 방향으로 작동하는 것을 보지 못했다. 군국주의 경향의 강화, 육군성과 참모본부의 대립, 군부가 천황을 내세우며 정부의 통제에서 벗어났던 것이 그 대표적인 예이다. 당연히 야마가타는 몰랐을 것이다. 자신이 죽고 불과 9년 뒤에 자신이 그토록 싫어하던 '정치군인'의 시대가 열린다는 것 그리고 그 '정치군인'들이 만주사변을 일으킨다는 것, 마지막으로 그것이 동북아시아를 무대로 한 거대한 전쟁의 시작이 된다는 사실을 말이다.

3

도리이 류조
한국 무당을 만나다

한승훈 | 한국학중앙연구원 문화예술학부 교수

백 년 전 무녀의 얼굴

이것은 1914년에 촬영된 경남 진주 무녀의 모습이다. 시선을 아래로 향한 노인의 머리 위에는 고대의 금관을 연상시키는 화려한 장식이 있다. 몸에 걸친 의상은 오늘날의 무당들에게서 보이는 화려한 무복巫服과는 다소 거리가 있지만, 당시의 평상복과는 명확히 달라 이 인물이 신을 섬기는 직무를 맡고 있음을 보여 준다.

국립중앙박물관에 소장된 이 유리건판 사진은 조선총독부가 촬영한 수만 장의 사진 자료 중 하나다. 제국주의 시기에 수행된 식민지 풍속에 대한 조사는 한편으로는 통치에 필요한 정보를 획득하기 위해서, 그리고 다른 한편으로는 인류 문화에 대한 학문적인 관심 때문에 이루어졌다. 1910년, 조선을 식민지로

경남 진주 무녀
출처: 慶南 晉州 巫女 上半身 正面, 도리이 류조,
제3회 사료조사, 1914

획득한 일본은 한반도에 대해 광범위한 고고학적·역사학적·인류학적·언어학적 조사를 진행하였다. 무속을 비롯한 종교문화 또한 중요한 조사 대상 가운데 하나였다.

한국 무속의 양상에 대해서는 전근대부터 상당한 문헌 자료가 남아 있다. 무당과 그들을 둘러싼 신앙의 존재는 고대로부터 다양한 형태로 확인된다. 이것은 카메라 렌즈라는 근대의 시선이 그들을 향한 가장 이른 시기의 사례 가운데 하나다. 그러나 전근대에 무속은 민간의 어리석은 풍습으로 경시되었고, 무당은 천시당하는 계층 가운데 하나였다. 무당은 원칙적으로 도성 출입이 금지되었고, 이들에 대한 기록을 남긴 식자층들은 대부분 그들을 비난하거나 조롱하였다.

그런 사정은 근대 이후에도 그다지 달라지지 않았다. 무당을 둘러싼 문화는 서구의 '릴리전religion'의 번역어로서 새로이 도입된 '종교'의 범주에서 배제되었다. 제대로 된 신앙이 아닌, 타파되어야 마땅한 '미신'의 일부로 분류된 것이다. 그러나 이 시기는 '민속문화'에 대한 지적 관심이 지구적으로 일어난 때이기도 했다. 그런 가운데 무속은 고대로부터 이어진 한국의 기층문화를 보존하고 있는 층위로 각광을 받기 시작했다.

따라서 이 사진에는 식민지 조선의 민속문화에 대한 이중적 관심, 즉 계몽이 필요한 미개한 풍습에 대한 경멸과 미지의 이국적인 문화에 대한 호기심이 동시에 담겨 있다. 그리고 이 자료조사를 지휘한 것은 당시 조선총독부의 촉탁으로 근무하고 있던 도리이 류조鳥居龍蔵(1870~1953)였다.

동북아의 탐험가 도리이 류조

서구에서 인류학 및 민속학의 발달은 대항해시대 이후 신항로의 발견과 이어지는 제국주의적 세계체제 구축과 밀접하게 연관되어 있었다. 그러나 머나먼 미지의 세계와 거기에 살고 있는 사람들의 서로 다른 문화에 대한 관심은 고대로부터 이어지는 인간 지식의 한 영역이었다. 군사적 정복, 상업적 교역, 종교적 선교 등 원거리 여행의 이유는 다양했다. 그리고 이방의 땅에 살고 있는 사람들은 언어도, 생김새도, 삶의 양식이나 신을 섬기는 방식도 제각각이었다.

메이지 유신 이전의 일본인들은 에도 막부의 통치를 받는 열도 밖에 다른 세계가 있음을 잘 알고 있었다. 그리고 러시아의 압력이 강해지면서 막부는 아이누 족의 땅인 북방지역에 대한 정보를 보다 체계적으로 수집할 필요를 느끼고 있었다. 카라후토樺太(사할린) 등 북방지역에 대한 마미야 린조間宮林藏의 탐험, 막부 관료인 모가미 토쿠나이最上德內, 마츠우라 타케시로松浦武四郎 등의 에조치蝦夷地(홋카이도) 조사 등은 그런 동기에서 이루어진 것이었다.

메이지 유신 이후에는 일본과 오키나와의 표류민들이 대만, 마셜 제도 등의 현지인에게 살해당하는 사건들이 일어났다. 자신들이 문명개화의 길에 들어섰다고 믿는 일본인들에게 "남양南洋"에 살고 있는 "야만인"들의 존재는 충격적이었다. 해외 진출에 대한 욕망이 강해짐에 따라 한편으로는 "미개한" 남쪽을 정복하자는 남진론南進論이, 다른 한편으로는 한반도를 거점으로 하여 대륙으로 나아가자는 북진론北進論이 제기되고 있었다.

제국주의적인 열광이 대중적으로 일어나던 바로 그 시기, 학문적인 인류학에 대한 관심 또한 나타났다. 특히 난학자蘭學者 집안 출신 학자인 츠보이 쇼고로坪井正五郎가 주도하여 1880년대에 설립한 도쿄인류학회東京人類学会가 그 중심에 있었다. 당시의 인류학은 오늘날의 관점에서 보면 거의 분화되지 않은 상태로 해부학, 생리학, 유전학, 고고학, 언어학, 민속학, 심리학, 종교학 등 다양한 분야를 포함하는 것이었다. 그들은 서구의 인류학적 논의를 적극적으로 수용하는 한편, 일본과 해외의 수많은 자료를 수집하였다. 그 결과 1892년 도쿄제국대학 이과대학에 인류학 교실이 설치되기에 이른다.

도리이 류조는 당시 인류학 교실에서 표본정리를 맡고 있던 직원이었다. 그는 도쿠시마德島의 유복한 상인 집안에서 태어났으나, 소학교를 중퇴하고 독학으로 여러 학문을 공부하였다. 도리이가 츠보이를 스승으로 삼아 인류학회에 합류한 것은 그의 나이 16세 때의 일이었다. 고향에서 인류학 모임을 조직해 활동하던 그는 스무 살이 되던 1890년에 상경해, 1893년부터 츠보이 교수의 지도를 받으며 표본정리 담당으로 일하고 있었던 것이다.

이후 도리이는 건강이 좋지 않았던 츠보이를 대신하여 평생에 걸쳐 동북

아 각지를 망라하는 현지조사를 수행하게 된다. 그의 여정은 일본의 제국주의적 팽창과 대체로 일치한다. 청일전쟁 시기인 1895년에는 요동반도의 고인돌을 조사하였고, 1896~1900년 사이에는 새로 식민지가 된 대만의 원주민들을 여러 차례 직접 방문해 상세한 기록을 남겼다. 1899년에는 당시 일본이 점유하고 있던 쿠릴열도의 '치시마 아이누千島アイヌ'에 대한 인류학적 조사를 수행하기도 하였다.

1902~1903년 사이에는 구이저우貴州, 윈난雲南 등 중국 서남부 지역에서 묘족苗族과 이족彝族을 조사하기도 하였다. 이것은 프랑스인 동양학자 라쿠페리A. T. de Lacouperie가 주장한 대만 원주민과 이 지역의 소수민족들 사이의 인류학적 관련성을 확인하기 위해서였다. 도리이는 청나라 호위병과 함께 현지인들의 마을을 방문하며, 이들이 대만뿐만 아니라 고대 일본의 선주민들과도 관련이 있지 않을까 하는 가설을 품게 된다.

중국에서 돌아온 이후인 1904년에는 "오키나와학沖繩學의 아버지"라 불리는 이하 후유伊波普猷와 함께 일본에 병합된 오키나와를 조사한다. 기간은 두 달 정도였지만, 도리이는 당시로서는 첨단기기였던 축음기를 이용해 오키나와 민요를 채록하는 등 활발한 조사를 행한다. 그사이 러일전쟁이 일본의 승리로 끝나고 포츠머스 조약이 체결되자, 대륙 조사에 대한 수요가 늘어나게 되었다. 이후 도리이는 한국, 만주, 사할린, 시베리아 등 일본제국의 팽창 경로에 따른 인류학적 현지조사에 주로 참여하게 된다.

동북아 샤머니즘에 대한 관심

이처럼 도리이의 학술 활동은 제국주의적 침략과 뗄 수 없는 관계에 있었지만, 그는 군국주의나 식민 통치에 협력하는 것보다는 인류학적 조사 그 자체에 보다 많은 흥미를 가졌다는 것이 일반적인 평가다. 그는 관에서 요구하는 현지인의 신체 측정, 교과서 집필 자료 수집 등과 같은 활동을 수행하면서도 민간의 풍속이나 고대의 민족 이동 등 자신의 학문적 관심 사항에 대한 연구를 계속해서 이어 나갔다.

동북아의 샤머니즘은 분명 그의 마음을 끄는 주제 가운데 하나였다. 1905년의 만주 조사에서는 봉천奉天에서 만주 지역의 샤먼에 대한 자료를 수집하며, 퉁구스와 몽골 민족이 만나는 만몽滿蒙 지역의 문화를 평생의 연구과제로 삼았다. 그는 아내 키미코와 동행한 1906~1908년의 몽골 여행에서 카라친 왕부의 후원을 받으며 몽골어를 학습하고, 외몽골까지 가서 현지의 샤먼과 접촉하려 시도한다.

마침내 그는 몽골에서 67세의 타치와 그 제자인 43세의 남성 우루치라는 두 사람의 샤먼을 만난다. 타치의 집은 대대로 샤먼 일을 하고 있었고, 수년 전에 죽은 남편도 샤먼이었다. 병자가 있으면 타치는 머리에 보관을 쓰고 붉은 천을 허리에 감은 채, 오래된 거울을 허리에 두루고 북을 치고 춤추며 기도를 했다. 주문을 외우며 신을 부른 샤먼들은 칼을 뽑아 병자의 가슴을 찔렀다. 그리하여 병자의 뱃속에 머무는 악령의 피를 몰아내고 나면 "푸- 푸-"하고 숨을 불어넣어 선한 영을 불어넣는다. 그러면 피가 멈추고 병이 낫는다는 것이었다.

도리이는 몽골의 샤먼이 사용하는 방울과 거울, 그리고 엑스터시 상태에서 인사불성이 된 노무녀의 모습에서 강한 인상을 받는다. 그리고 동북아 일대에 퍼져 있는 샤머니즘이 일본 상대上代의 종교와 유사하다는 가설을 세우게 된다. 이것은 훗날 일본 민속학에서 중요한 주제가 되는 "원시신도元始神道"와 샤머니즘의 관련성에 대한 아이디어이기도 했다. 즉, 아마테라스오오오미카미天照大御神, 진구황후神功皇后 등이 고대 일본의 샤먼이었다는 발상이었다.

고인돌과 무당들

도리이의 몽골 여행기와 강연 활동은 이후 그가 대중적으로 명성을 날리는 계기가 되었다. 그의 팬 가운데에는 동향인 시코쿠 출신의 언론인인 니노미야 도쿠지로二宮德次郎도 있었다. 그는 육군 및 정계의 거물인 야마가타 아리토모山縣有朋의 측근으로 유럽의 인류학적 탐험에도 깊은 관심을 가지고 있었다.

니노미야는 도리이의 현지조사에 깊은 흥미를 보이며, 그가 새로 식민지가 된 조선에 대한 인류학적 조사에 나설 수 있도록 초대 조선총독인 데라우치 마사타케寺内正毅와의 만남을 주선하였다. 데라우치의 초대 전보를 받은 도리이는 1910년 8월 부산에 상륙하였다. 그러나 악천후로 열차가 운행되지 않자, 배편으로 인천을 경유하여 경성에 도착하였다. 이후 그는 조선총독부 학무국의 촉탁 자격으로 일곱 차례에 걸쳐 조선 전역에 대한 조사 활동을 시작한다.

그의 조선 조사의 성과는 크게 두 가지로 알려져 있다. 하나는 한반도 지역의 석기시대 문화를 확인한 것이다. 당시까지만 해도 일본의 학계에서는 한반도에는 석기문화가 없었다는 것이 주류 학설이었다. 그러나 도리이는 인천과 함경도 성진城津(오늘날의 함경북도 김책시)에서 일본인이 수집한 간석기를 확인하고, 이후 면밀한 조사를 통해 수많은 석기시대 유물을 수집한다.

그의 또 다른 업적은 한반도 전역의 고인돌을 조사하고 분류한 것이다. 그는 고인돌을 비롯한 거석문화에 각별한 관심을 가지고 초기 현지조사처인 요동반도에서도 고인돌에 대한 조사를 집중적으로 수행한 바 있었다. 도리이는 훗날 자신 부부의 묘소도 고인돌 형태로 만들 정도로 고인돌을 사랑한 인물이었다. 오늘날 한국의 고인돌을 북방식, 남방식으로 구분하고 있는 것이 바로 도리이의 이론이다.

그 외에도 도리이는 고구려의 고분, 신라 유적 등에 대한 고고학적 조사를 수행하는 한편, 인류학적인 민속 조사에도 관심을 기울였다. 그는 당시 유행하던 복합민족기원설에 의거하여 몽골, 만주, 한반도로 이어지는 동북아의 문화에서 일본 민족 기원의 중요한 갈래를 탐구하려 하였다. 그런 점에서 풍속에 대한 조사는 19세기 이래 인류학의 중요한 방법론이었던 잔존물survival 이론의 중요한 자료였다. 민중의 일상적 생활양식은 역사의 변천에도 불구하고 대단히 느리게 변화하므로, 민속문화를 살펴보면 머나먼 과거의 모습을 알 수 있다는 발상이다.

'만몽문화'라는 테마에 심취에 있었던 도리이가 한반도의 동북방 변경인 함경도를 첫 번째 조사 대상으로 삼은 것은 그런 이유에서였다. 그는 만주와 함경도를 오가며 유적들을 조사하고, 주민들의 신체 사이즈를 측정하였다. 러시아

연해주에서 금나라 시기의 토성을 측량할 때는 러시아 측 경비병이 발포하는 바람에 황급히 대피하기도 하였다. 그는 함경도 주민들의 민요를 채록하고, 명태와 야채 반찬으로 사발 가득히 밥을 먹고, 거리에서 술과 떡을 사다 먹는 현지인들의 소박한 일상을 기록하기도 하였다.

그런 도리이의 눈에 조선의 무속은 몽골과 시베리아의 샤머니즘과 너무나 밀접한 관련이 있는 것으로 보였다. 그는 한창 조선 조사를 수행하던 1910년대 초, 신도담화회神道談話會라는 모임에서 조선의 무당에 대한 최초의 강연을 한다. 그는 조선을 흔히 유교 국가라고 하지만, 양반이나 유생을 제외하면 일반 인민들은 유교를 모르며 오히려 조상으로부터 이어진 풍습의 영향 아래 있다고 주장한다. 그 신앙의 핵심에 바로 무당이 있다는 것이다.

도리이는 조선의 무당은 가장 천한 신분에 속하지만, 민간신앙에서는 큰 세력을 점하고 있으며 민왕비(명성황후 민씨) 또한 그들을 깊이 믿었음을 지적하였다. 흥미로운 점은 도리이가 한국 무속을 연구한 훗날의 한국인, 일본인 학자와는 전혀 다른 방식으로 무당을 분류하고 있다는 것이다. 일반적으로 한국의 무당은 수도권과 서해안을 중심으로 한 강신무降神巫와 동해안과 남부지방에서 주로 나타나는 세습무世襲巫로 분류하는 것이 식민지 시기부터 오늘날에 이르기까지 주된 학설이었다. 그러나 도리이는 한국의 무당이 함경도 북청 이북의 남격男覡과 나머지 대부분 지역의 여무女巫로 나누어진다는 독특한 분류 방법을 제시하고 있다.

무녀와 남격

　먼저 여성 무당은 조선 전체에 분포하는 일반적인 형태다. 도리이는 동북아 다른 지역의 샤먼들과 조선 무당 사이의 공통점을 여러 측면에서 찾으려 한다. 일반적으로 무당들은 3인 1조로 활동하며, 한 사람이 춤을 추고, 다른 두 사람이 북이나 징과 같은 악기를 연주하며 박자를 맞춘다. 도리이는 그 음악과 춤을 몽골과 티베트, 시베리아와 만주, 나아가 자바섬 사람들의 춤이나 일본 신도의 카구라神樂와 비교해야 한다고 주장한다.

NO無1116-4

평안북도 초산 보변루 앞 굿하는 무녀
출처: 平北 楚山 甫邊樓 앞 굿하는 巫女3, 도리이 류조, 제2회 사료조사, 1912~1913

NO無440069

함경남도 북청 무당의 춤
출처: 咸南 北靑 巫堂의 舞踊3, 도리이 류조, 제1회 사료조사, 1911~1912

　　도리이를 흥분시킨 것은 한국의 무당이 몽골의 샤먼과 마찬가지로 거울을 중시한다는 것이었다. 그는 함경남도 영흥에서 새로 무당이 되려는 이의 입무入巫 의식을 보았다. 그런데 무당이 되기 위해서는 산에 들어가서 오래된 거울을 찾아와야 한다는 것이다. 이것은 서해안 등 다른 지역의 내림굿에서도 흔히 나타나는 절차로, 숨겨놓은 무구巫具를 찾아내어 무당으로서의 능력을 시험하는 과정이다. 도리이는 몽골의 샤먼이 의식을 할 때 몸에 오래된 거울을 여러 개 붙이고 있는 것과 이 의식을 연관시킨다.

입무 의식 외에도 도리이가 특히 주목한 것은 병자를 치유하는 기도였다. 이것은 병자가 자고 있는 곳에 병풍을 세우고, 상을 차린 후 신들을 부르며 춤을 추는 형식이었다. 도리이는 조선인들은 악한 영혼이 병자의 몸에 들어가서 병에 걸린다는 믿음을 갖고 있다고 보았다. 즉 무당은 몸속에 깃든 영혼을 제거하여 병을 낫게 하는 사람이라는 것이다. "기도는 분명 영혼을 몸 밖으로 꼬드겨 내는 방법에 지나지 않을 것"이라는 주장이다.

도리이는 칼춤을 추거나 작두나 대야를 입에 무는 등의 행위도 영혼을 놀라거나 두렵게 하여 밖으로 나오게 하는 것이고, 천을 사용하는 것도 영혼을 천에 '부착'시켜 꺼내는 것이라고 해석하였다. 무당의 기도가 모두 병자의 몸속에 있는 악한 영을 꺼내는 방법이라는 것은 굿에 대한 대단히 단순한 이해다. 그럼에도 불구하고 도리이가 이런 방식으로 굿을 이해한 것은 무당의 병기도 절차를 자신이 몽골에서 본 샤먼의 의례와 대응시키기 위해서였을 것이다.

또한 무당이 굿을 할 때 양손에 방울과 부채를 드는 것, 그리고 천을 몸에 두르는 것 등에서는 신도神道의 미코巫女나 일본의 전통예능인 노能에 등장하는 산바소三番叟와의 유사성을 발견한다. 거울이 만주, 몽골과의 관련성을 보여주는 것이라면, 방울과 부채는 일본과의 연속성을 보여 준다는 것이다. 도리이는 이것이 노의 전신인 중세의 사루가쿠猿楽, 심지어 고대의 원시신도와 연관되어 있을 가능성을 제시한다.

한편 남성 무당은 함경도 북부의 일부 지역에서만 집중적으로 나타나며,

함경북도 길주 박수무당
출처: 咸北 吉州 박수巫堂, 도리이 류조, 제1회 사료조사, 1911~1912

그 중심지는 길주吉州라고 보았다. 이들은 주로 입에서 입으로 축문이나 노래를 전승하는 여성 무당들과는 달리 문서로 기록된 책을 가지고 있는 경우가 많으며, 도교의 영향으로 보이는 점복을 겸하는 경우가 많았다. 도리이는 남격에 대해 길주 지역에서 전해 내려오는 신화를 소개하고 있다. 옛날 어느 남성 무당 노인이 부서진 장승을 일으켜 세우는가 하면, 서울에서 일어나는 사변을 예측하기도 하고, 무녀들이 해결하지 못하는 난제를 쉽게 처리하는 등의 능력을 보였다는 이야기다. 도리이는 이런 이야기가 남방의 무녀와 북방의 남격 사이에 있었던 모종의 경쟁 관계를 표현하고 있다고 해석하였다.

문화원형론과 일선동조론으로

이처럼 도리이는 조선의 무속을 몽골, 만주, 일본 등을 포함하는 광범위한 동북아 샤머니즘의 일종으로 파악하고 있었다. 그런데 조선 조사가 한참 진행된 이후인 1920년대에 이르면서 그 강조점이 조금 달라지는 것을 확인할 수 있다. 도쿄의 불교조선협회佛敎朝鮮協會에서 이루어진 또 다른 강연에서 도리이는 다시 조선의 무속을 다루었다. 그 내용은 앞서 소개한 내용과 대체로 일치하지만, 몇몇 부분에서 큰 차이를 보인다.

첫 번째는 무속을 '민족성'과 관련지어 설명한다는 것이다. 즉 그것은 유교, 불교, 도교가 들어오기 이전에 "조선의 사상을 지배하고 있었던" 원시적 신앙의 흔적이라는 점이 한층 더 강조되고 있다. 이것은 한국 무속을 외래종교가 들어오기 이전의 원형적인 민족문화로 파악하는 이론의 초기 형태를 보여 준다. 이능화, 최남선 등 같은 시기 한국의 연구자들 또한 이런 시각을 공유하고 있었던 것을 확인할 수 있다.

이것이 도리이 등이 직접적인 영향을 끼쳐서인지, 아니면 당시 지성계가 공유하고 있었던 사고방식인지는 불분명하다. 다만 도리이는 조선인 청중에게 다음과 같은 제안을 하는 것으로 강연을 마무리하고 있다. "나는 당신들 나라에 대해서 연구하고 있습니다만, 또 당신들 쪽에서도 자신의 조상은 불교나 유교가 들어오지 않았을 때 어떤 상태였는가를 스스로 연구하기를 바랍니다. 그리고 또 불교가 들어온 이후에 어떻게 변화해 왔는지를 연구해 주었으면 좋겠다고 생각합니다."

이런 관점은 무속을 단순히 전근대의 유물이나 민간의 미신이 아닌, 외래문화가 도입되기 이전의 민족문화를 보존하고 있는 '문화원형'으로 인식할 수 있는 단초였다. 실제로 식민지 시기로부터 20세기에 이르기까지 한국 무속에 대한 연구는 그런 논리로 정당화되었다. 일본의 경우도 마찬가지였다. 야나기타 쿠니오柳田國男, 오리구치 시노부折口信夫 등 이후 일본 민속학을 이끈 이들은 조금씩 다른 방식으로 민속 현상으로부터 일본 문화의 고대적 원형을 발견하고자 하였다.

그러나 도리이의 주장에는 이들과는 조금 다른 결도 감지된다. 그는 이전의 강연에 비해 훨씬 강한 어조로 조선의 무속과 일본의 원시신도 사이의 공통점을 강조한다. 거울, 방울, 부채 등의 요소는 몽골 등의 샤머니즘보다는 일본과 조선의 유사성을 입증하기 위해서 제시된다. 특히 병굿에서 나타나는 선한 영혼과 악한 영혼의 대비는 일본 신도의 영혼관인 사치미타마幸魂, 마가히曲靈, 아라미타마荒魂 등과 직접적으로 비교된다. 특히 조선의 금줄과 일본의 시메나와注連縄를 동일시하는 논리를 새롭게 제시하기도 한다.

이처럼 논의의 초점이 바뀐 데는 분명한 의도가 있다. 무당에 대한 강연을 시작하며 도리이는 이렇게 말한다. "오늘날에는 조선이니 일본이니 합니다만 원래는 모두 같은 민족이었습니다. 이것이 서로 나뉘어 있지만 일한日韓은 동조同祖입니다." 일한동조론, 즉 한국인에 대한 적극적인 동화정책이 진행되는 와중이었고, 도리이는 이를 자신의 강연에 적극적으로 반영하고 있었던 것이다.

도리이는 1910년대 초 조선에 대한 조사에 착수했을 때 동북아 샤머니즘이라는 큰 틀 속에서 한국의 무속과 일본의 원시신도에 대한 비교를 진행하고 있었다. 그러나 1920년대 단계에서 중요해진 것은 한국과 일본의 일체성이었다. "조선의 무巫를 살펴보면 이에 관련된 풍속습관이 대단히 일본의 원시신도를 떠올리게 합니다." 다시 말해 도리이는 민속종교에서 불교, 유교, 도교 같은 "외래"의 전통이 들어오기 전의 옛 문화를 발견할 수 있다는 문화원형론에 그 일본과 한국이 공유하고 있었다는 일선동조론을 결합시킨 것이다.

이 기이한 논리는 인류학적 현지조사라는 혁신적인 문화 연구 방법이 식민주의와 결합한 결과물이었다. 그것은 한국의 무당이라는 낯설고 호기심을 자극하는 연구 대상을 만난 제국의 인류학자가 도달한 결론이기도 했다.

4

량치차오
중국의 지식인이 서양을 바라보다

김현주 | 원광대 동북아시아인문사회연구소 HK교수

량치차오梁啓超(1873~1929)는 그야말로 중국의 근대를 대표하는 사상가이며, 그의 사상의 궤적이 바로 중국 근대 사상의 궤적이라고 할 만큼 시대적 상황에 따라 변화한 인물이라고 할 수 있다. 그 자신이 중국과 서양, 고대와 현대, 정치와 학문 사이에서 절충과 조화를 꾀한 인물이었기 때문에, 과도기적 시대뿐만 아니라 과도기적 사상을 대표하는 인물이기도 하다.

량치차오는 스승인 캉여우웨이康有爲와 함께 청나라의 제도적 개혁을 시도했던 유신변법운동을 일으킨 인물이다. 그러나 변법은 실패했고, 담사동을 비롯해 변법에 함께 참여했던 여섯 명의 젊은 개혁파 인사들은 죽임을 당했다. 요행히 량치차오는 스승과 함께 일본으로 망명길에 올라 죽음을 피할 수 있었다. 일본에서도 그는 중국을 위기에서 구하기 위한 해답을 계속해서 찾았고, 일본에서 유행하는 사상은 물론 일본에 전파된 여러 서양 사상들을 접하게 되었다. 그

어린 시절의 량치차오
출처: 바이두백과

과정이 그의 생각과 안목을 넓혀준 계기가 되었다.

그는 일본 요코하마에서 《신민총보》라는 신문을 만들어 자신의 대표적 주장인 "신민新民"을 알렸다. 그것은 나라를 새롭게 하고 싶다면, 먼저 그 국민을 새롭게 해야 한다는 생각을 담고 있었다. 그는 새로워진다는 것을 두 가지 의미로 해석했다. 하나는 원래 가진 것을 갈고 닦아 새롭게 하는 것이고, 둘째는 원래 갖지 않았던 것을 보충하여 새롭게 하는 것이었다. 새로워져야 할 것은 국민만이 아니었다. 사상도 제도도 모두 새롭게 바뀌어야 했다. 그러나 어떻게, 무엇을 새롭게 해야 할까? 량치차오는 이 문제의 해답을 찾고자 평생 노력했다.

서양에 해답이 있다?

량치차오는 5살에 이미 사서오경을 읽었다. 8살에는 스스로 문장을 만들었고, 9살에는 글을 지었다. 그리고 12살에는 과거에 급제했다. 이렇듯 어렸을 때부터 영특하기로 소문났던 량치차오는 시대를 보는 눈도 남들보다 앞서 있었다. 그래서인지 중국의 길을 발견하고 그 해답을 찾는 것도 누구보다 선진적이었다. 그런 그는 근대중국에 위기가 닥쳤을 때, 위기에서 벗어날 수 있는 열쇠가 서양에 있다고 생각했다. 무기나 군함의 발전도 서양이 강해질 수 있었던 요인이지만, 서양의 사상이나 제도도 중요하게 작용했다고 보았다. 그리하여 젊은 시절 량치차오는 열심히 서양을 배워야 한다고 주장했고, 신문에 글을 실어 중국의 젊은이들에게 서양의 사상이나 정치가 어떠한가를 알려주고자 노력했다. 그는 루소, 베이컨, 데카르트, 다윈, 칸트, 몽테스키외 등등 수많은 서양 사상가들을 소개하는 글을 발표했다. 또한 진화주의, 공리주의, 사회주의, 민족주의 등등 서양의 다양한 이데올로기도 소개하였다. 신채호가 나중에 번역하여 한반도에 알려지게 된 『이태리건국삼걸전』도 량치차오의 글이었다. 그의 서양에 대한 관심은 정치, 경제, 사회, 문화 모든 영역에 두루 걸쳐 있었고, 중국을 위기에서 벗어나게 할 수 있는 것이라면 어떤 인물, 어떤 사상에 치우치지 않고 두루 관심을 가졌다.

그렇게 얻어낸 결론은 서양이 발전한 주요 원인이 자유의 발달에 있다는 사실이었다. 자유를 얻은 인간, 다시 말하자면 그는 노예 상태에서 벗어난 인간만이 진화의 주체라고 생각한 것이다. 그리고 그 출발점은 스스로의 마음에 달려 있다고 보았다. "진정한 나"는 자유로운 주체이고, 그 출발점은 "양심"에 있으며, 스스로 자유롭고자 하는 권리를 갖는 것이야말로 일생일대의 책임이라고 보았다. 량치차오는 "자유는 모든 권리의 근본이고, 모든 책임의 근원"이라고 강조하면서, 중국인들은 자유를 가져야 하고, 자유로운 존재가 되어야 한다고 부르짖었다. 그러므로 "자유는 천하의 공리"이고, 사람이 태어나면서 누구나 갖는 것이라고 강조했다. 그것을 입증하기 위해 루소를 얘기하고, 밀을 얘기하고, 몽테스키외를 얘기했다.

해답을 찾기 위해 떠난 유럽 여행

　젊은 시절의 량치차오는 서양을 소개하기 바빴지만, 정치를 그만두고 학문과 교육에만 전념하기로 마음먹은 후에는 서양과 중국을 절충하여 조화시키려는 노력을 했다. 그 계기는 유럽으로의 여행이었다. 1918년 12월 23일 베이징에서 출발하여 유럽으로 처음 여행을 떠날 때, 그는 안목도 기르고 세계대전이 어떻게 종결되었는지를 직접 눈으로 확인하고 싶어 했다. 유럽으로 가는 배에서 량치차오는 열심히 프랑스어와 영어를 익히고, 그동안 읽지 못했던 책들을 읽으면서 배우고자 하는 마음을 가득히 품고 유럽으로 향했다.

　그가 처음 도착한 유럽의 도시는 영국 런던이었다. 런던은 전쟁의 참상을

1919년 파리사찰단(가운데가 량치차오)
출처: 중문 위키피디아

그대로 보여주고 있었다. 그는 딸에게 보낸 편지에서 당시 런던의 풍경을 "음울하고 답답한 느낌"이라고 묘사했다. 다음으로는 프랑스 파리로 갔다. 영국과 프랑스를 돌아보며, 량치차오는 재정과 금융 사정은 어떠한지, 전쟁 상황은 어떠한지, 각국의 정당은 어떠한지, 최신 문학조류는 무엇인지 등에 관심을 가졌다. 그밖에 벨기에, 네덜란드, 스위스, 이탈리아, 독일 등을 두루 살펴보았고, 가는 곳마다 그곳의 사정을 이해하기 위해 노력했다. 여기저기 전쟁터를 돌아보느라 음식과 처소가 불편하여 잠도 잘 못 자고 몸도 피곤했지만, 배움을 게을리하지는 않았다. 덕분에 영어와 프랑스어 실력이 늘게 된 것은 소득이었지만, 가장 큰 소득은 유럽의 지식인들과의 교류였다.

해답은 동양에 있다?

전쟁 이전부터 유럽은 경제적 위기가 심각했고, 그로 인해 사회혁명과 정치혁명의 기운이 어둡게 드리워져 있었다. 대내적으로는 빈부격차와 계급 갈등이 심각한 수준이었고, 대외적으로도 민족주의적 갈등이 팽배해 있었다. 그야말로 위기의 시대였다. 중국의 위기를 해결하고자 했던 량치차오는 자신이 흠모했던 유럽인들 사이에서 물질만능주의, 군국주의, 제국주의 등이 만연한 것을 보고 생각이 복잡해졌다.

지식인들 사이에서도 그야말로 "비관적 논조"로 가득 차 있었다. 1922년 슈펭글러의 『서양의 몰락』이라는 책은 이런 유럽의 분위기를 반영하고 있었고,

오스왈드 슈펭글러(Oswald Spengler)와 그의 책 『서양의 몰락』
출처: Wikipedia

량치차오가 목격한 것도 바로 이렇게 "어둡고 암울한 가을 느낌"의 유럽이었다.
그가 유럽에서 느낀 감상을 적은 책이 『구유심영록절록』이다. 그는 암울한 유럽
에도 굴하지 않고 중국의 희망, 세계의 희망을 버리지 않았다.

　　유럽의 어두운 분위기 속에서도 량치차오는 "세계주의 국가"를 세우고 싶
다는 희망을 품었고, 이제는 유럽이 아니라 중국이야말로 세계의 변화를 이끌
처방을 내릴 수 있지 않을까 생각하게 되었다. 그는 애국을 외치는 사람들은 많
지만, 국가가 있다는 사실만을 알고 개인이 있다는 사실을 모르는 사람이 많으
며, 국가가 있다는 것만 알고 세계가 있다는 사실을 모르는 사람이 많다고 느꼈

다. 그는 이 편협한 애국주의로는 세계 어느 국가도 충분히 발전할 수 없다고 생각으로 세계주의 국가를 주장한 것이었다. 그리고 그것을 실현할 수 있는 국가가 유럽이 아니라는 것은 분명했다.

유럽에서 만난 미국인 기자 사이몬은 그런 량치차오에게 결정적인 계기를 마련해주었다. 사이몬이 량치차오에게 중국에 돌아가서 서양문명을 전파할 것인지에 대해 물었을 때, "그거야 당연하죠"라는 량치차오의 대답에 사이몬은 "아! 애석하군요! 서양문명은 이미 파산했어요"라고 말했다. 서양문명이 파산했다는 얘기는 량치차오가 유럽을 찾았을 때, 여러 사람이 귀에 딱지가 앉도록 해준 말이었다. 그렇다고 해서 서양이 정말 다 끝난 것은 아니라고 량치차오는 생각했다. 그들의 현대문명도 과거의 문명과는 다른 것이었고, 계속해서 새롭게 일군 것이었기 때문이다. 전쟁이 유럽인들에게 정신적으로 큰 타격을 주었고, 그들의 인생관에 큰 변화를 준 것은 사실이지만, 철학이 다시 부흥하고 있었고, 종교도 다시 살아나고 있었다. 전쟁의 폐허 속에서 새로운 씨앗이 살아나고 있었던 것이다. 량치차오는 중국도 그런 재건의 대세에 참여해야 한다고 생각했다. 그것은 더 이상 싸우지 않고, 조화롭게 사는 세계를 이루는 것이라고 보았다. 그렇게 그는 중국이 세계주의적인 국가가 되어야 한다고 생각했다. 그는 서양과 중국의 철학을 절충시키고 조화시켜 새로운 시대의 철학이 탄생할 수 있는 토대를 마련하고자 했다. 유럽 여행은 량치차오를 서구주의자로 만든 것이 아니라 절충주의자로 만들었다.

절충과 조화가 답이다

1920년 유럽에서 돌아온 량치차오는 「유럽여행 중의 일반적인 관찰과 감상」이라는 글에서 이전의 자신을 반성한다. 과거에 자신의 생각이 좁았다는 것을 인정하게 된 것이다. 국가와 민족의 부흥에만 매달렸던 과거를 뉘우치고, 인류와 세계에 공헌하기로 마음먹은 그는 서양과 동양의 문명을 결합한 새로운 문명을 만들겠다고 결심한다.

량치차오가 유럽에서 목격한 전쟁의 비극은 참담했다. 중국 역시 그 비극에서 벗어나기 위해서는 우선 중국인들이 과학만능주의, 물질만능주의로부터 벗어나야 한다고 량치차오는 생각했다. 단순히 과학이 틀렸다는 말이 아니었다. 서양의 진보는 과학의 승리를 보여 주었지만, 힘과 부를 얻은 서양의 결말은 결코 바람직하지 않았다. 그가 생각하기에 오히려 그 승리를 통해 인류가 행복해질 수 없었다는 것이 문제였다. 과학과 물질만을 추구하다 보니 정신이 피폐해졌기 때문이다. 그것을 살리는 방법은 중서문화의 융합밖에 없다고 량치차오는 보았다.

이것은 과거 양무운동 시기의 중체서용中體西用과는 달랐다. 중체서용은 중국의 것을 중심으로 서양의 것을 수용하자는 사상으로, 후자를 부수적으로 여겼기 때문에 결국 변화를 거부하는 결과를 낳았다. 그러나 서양의 정화精華와 동양의 정화를 결합해야 한다고 보았던 량치차오는 서양중심주의도 중국중심주의도 비판하는 입장이었다.

1920년대는 신문화운동이 한창일 때였다. 신문화운동가들은 동양의 것을 버리고 서양의 것을 따라야 한다고 주장했다. 동양의 것은 모두 미신이고, 서양의 것은 모두 과학이라는 극단적 주장으로 사상의 혁명을 일으키고자 했다. 그들의 극단적인 주장에는 그 나름의 이유가 있었다. 사람들이 옛것을 버리지 않으려고 했기 때문이었다. 그러나 량치차오는 그것이 옳지 않다고 생각했다. 서양에 다 좋은 것만 있는 것도 아니고, 동양의 것이라고 모두 나쁜 것은 아니라고 생각했다. 시급한 문제는 중국의 문화를 버리는 것이 아니라, 중국 문화를 타국의 우수한 문화와 결합하여 더 발전시키는 것이라고 생각했다. 그래서 그는 중국의 여러 철학에서 우수한 점을 찾아내고자 했는데, 그것은 곧 서양에서 배우고자 하는 가치와 사상과 부합했다.

유가철학은 자유와 평등을 포함하는 철학으로 거듭났고, 정신과 물질을 조화시킬 수 있는 철학으로 재해석되었다. 도가철학은 자연주의 철학으로 거듭났고, 묵가철학은 사회주의 철학으로 재해석되었다. 불학의 "진여眞如"는 칸트의 "진아眞我"로 이해되었다. 량치차오는 "서학을 버리고 중학을 얘기하면, 그 중학은 반드시 쓸모없어진다. 중학을 버리고 서학만 얘기하면, 그 서학은 반드시 근본을 잃게 된다. 쓸모가 없고, 근본이 없다면, 천하를 다스리기에는 부족하다"라고 말하며, 중국철학과 서양철학을 결합하고자 노력했다. 물론 량치차오 자신이 인정한 것처럼, 공부가 덜 되었기 때문에 깊이가 있다고는 할 수는 없다. 그는 단지 첫 발걸음을 뗐을 뿐이다. 그것을 더 발전시키는 일은 우리 후세의 몫일 것이다.

한쪽에 치우쳐서는 안 된다

량치차오는 동양과 서양 그 어느 쪽이든 한쪽에 치우치는 것을 경계했다. 그것에 대해 그는 사상의 '노예'라고 보았다. 그는 중국의 옛 학문의 노예가 되지 말아야 한다고 주장하면서, 동시에 서양에서 들어오는 신학문의 노예도 되지 말아야 한다고 당부했다. 즉 학문을 하면서도 자유로워야 한다고 생각한 것이다.

근대 서양사상의 창도자 중 한 사람인 량치차오는 여러 서양사상을 중국에 전파하는 공을 세웠지만, 중국사상도 잊지 않았다. 서양사상과 중국사상 사이에서 '중용적 태도'를 지녔다고 할 수 있다. 서양사상을 통해 자유, 평등, 법치, 민주 등 중국이 배워야 할 가치들을 얘기하면서도, 비판적 수용을 시도했다. 중국사상을 통해 인의, 무위, 겸애, 무아 등 지켜나가야 할 가치들을 얘기하면서도, 무조건적인 긍정은 반대했다. 그런 이유로 중국에서 량치차오는 개혁개방 이전에는 핍박받았지만, 개혁개방 이후에는 오히려 환영받는 사상가가 되었다. 개혁개방 이후 중국에서는 사회주의와 시장경제의 결합, 사회주의와 중국 전통사상의 결합이 시도되었기 때문이다. 일찌감치 서양과 동양, 서양과 중국의 결합을 주장했던 량치차오의 선견지명이 맞아떨어지는 시대가 찾아왔다.

글로벌 위기에 직면한 오늘날 어떻게 이 위기를 극복해 나가야 할 것인가에 대해 량치차오에게 묻는다면, 그는 분명 백신이나 치료약의 개발도 필요하지만 정신적 치유와 생각의 전환도 필요하다고 말할 것이다. 또한 국가적 차원의 위기만 생각하지 말고, 세계적 차원의 위기도 고려해야 한다고 충고할 것이다. 남의 사상, 문화, 방법을 받아들이는 데 주저할 필요가 없다고 말하면서도, 다만 잘 선별해서 선택해야 할 것이라고 충고할 것이다. 량치차오는 평생 "변해야 한다"라고 말해왔다. 량치차오는 그 신조에 따라, 시대와 상황에 따라 자신의 생각을 계속해서 바꾸었다. 어떤 이는 그런 그를 변덕쟁이라고 부르지만, 시대와 장소가 바뀌면 그에 대한 생각과 관점도 바뀌어야 한다는 점에서 그의 변덕은 어쩌면 용기라고 말할 수 있다.

살아 있을 당시, 그는 개혁주의자가 아니라 보수주의자라는 평가를 받았다. 사람들은 그의 "변해야 한다"라는 주장에 관심을 갖지 않았고, 중국의 것에도 우수한 것이 있다는 얘기에만 주목했다. 사람들은 중국에서 민주헌정을 실시하고자 기울였던 그의 노력에는 관심을 두지 않았고, 개명군주나 동서양의 절충조화 이야기에만 더 관심을 두었다. 그것은 사실 정치적 싸움이었고, 그 싸움에 진력이 난 량치차오는 정치판을 떠나 교육계에 헌신하고자 했다. 인재가 있어야 나라를 구할 수 있다고 보았기 때문이기도 했다. 그가 몸담았던 칭화대학 입구에는 그가 쓴 교훈이 놓여 있다. "스스로 끊임없이 강해지고자 노력하면서도, 덕을 두텁게 쌓아 만물을 포용해야 한다.自强不息, 厚德載物"『역경』에서 가져온 이 여덟 자는 중국의 젊은이들이 어떤 자세를 가져야 하는지를 얘기해 주는 것이다. "열심히 노력해라, 그리고 그렇게 얻은 재능을 모두에게 사용해라." 젊은 시절의 그에게는 중국을 살리는 것이 초미의 관심사였지만, 시간이 흐르면서 중국만이 아니라 세계에 눈을 돌리게 된 량치차오의 변화를 보여주는 글귀이다. 그는 자신만이 아니라 중국인도, 특히 중국의 엘리트들이 그런 생각을 갖기를 바란 것이다.

글로벌 사회를 꿈꾸었던 량치차오의 생각은 반 정도는 실현되었다. 경제적으로 오늘날 세계는 단단하게 연결되어 밀착되어 있기 때문이다. 그러나 정치적으로는 아직 서로를 밀쳐내고 있다. 량치차오가 살던 20세기 초처럼 다시금 민족주의, 제국주의가 들썩이고 있고, 국가, 종교, 민족, 성별, 인종, 문화 등 여러 갈등이 점차 심화하고 있다. 동북아시아의 갈등 역시 해소되는 증후가 보이다가도 또다시 악화되는 주기를 반복하고 있다. 동북아시아의 위기는 우리 곁에서 떠날 수 없는 걸까? 사실 이것은 인간이 초래한 위기이다. 그에 더하여 인간이 통제할 수 없는 위기도 생겨난다. 이렇게 인간이 초래한 위기와 인간의 힘을 벗어난 위기로 인해 우리는 여전히 변화해야 하는 시대, 그 변화를 통해 새로워져야 하는 시대에 살고 있다. 그러한 변화는 조화와 절충을 통해서만 가능할 것이다.

5

진위푸
트랜스-내셔널, 리저널(regional) 히스토리의 꿈

이용범 | 부산대 점필재연구소 전임연구원

서울, 1932년의 가을날

1932년 10월 19일 수요일 아침, 당대 최고의 작가이자 문인, 그리고 장서가로 이름났던 최남선이 어디론가 급히 걸어가고 있었다. 가만히 보니 혼자가 아니라 누군가 함께 걷고 있었다. 함께 걷고 있던 사람은 명륜학원 강사 김태준金台俊(1905~1949)이었다. 김태준은 대학 재학 중 「조선소설사」를 《동아일보》에 연재하여 세상을 놀라게 했고, 그 이듬해 『조선한문학사』를 발표한 당대 가장 주목받는 청년 학자였다.

그들의 발걸음이 가닿은 곳에는 진즉 두 사람이 와서 기다리고 있었다. 이들을 반갑게 맞이하는 이는 김구경이었다. 김구경金九經(1899~1950)은 김태준의 대학 시절 도서관 사서로 안면을 익힌 사이였다. 경주 출신인 김구경은 일본 유학과 중국 경험을 통해 일본어와 중국어 모두 능통한 인물이었다. 대학에서 중국 문학을 전공한 김태준도 일본어와 중국어를 모두 할 수 있었다. 그렇게 '사자회담四者會談' 속 대화는 물흐르듯 이어졌다. 김구경은 1929년부터 베이징대학에서 강사를 지내다가, 1932년 5월부터는 펑톈奉天(오늘날의 선양瀋陽)으로 근거지를 옮겼다. 김구경은 이때 봉천도서관 소속의 사서이자, 부관장의 비서로 배속되어 있었다. 그와 함께 온 인물이 바로 당시 봉천도서관 부관장이었으며, 훗날 중국 동북사학의 개척자로 추앙받게 되는 진위푸金毓黻(1887~1962)였던 것이다.

조선 최고의 문인 최남선, 당대 가장 주목받던 소장학자 김태준, 그리고 훗날 '중국 동북사의 아버지'가 되는 진위푸가 어떻게 한 자리에 모이게 된 것일까? 그리고 그들은 그곳에서 어떠한 이야기를 나누었을까?

동북의 아들, 중국 국학 전통의 계승자

진위푸는 1887년, 중국 동북 3성 중 하나인 랴오닝성遼寧省의 덩타시燈塔市에서 태어났다. 그의 집안은 풍족하지는 않았지만, 약간의 전답이 있어 생계 걱정이 크지는 않았다. 그는 6살 때부터 사숙에 들어가 공부를 시작하게 되었다. 16세가 되던 해에는 가세가 기울어 부득이하게 공부를 그만둘 수밖에 없었다. 그는 잡화점에 들어가 견습생으로 일을 시작했다. 그렇게 4년을 보내던 중 당시 랴오양遼陽 현립縣立 치화啓化 고등소학당 교장이었던 바이용정白永貞이 진위푸를 눈여겨보고 다시 공부해 보라고 권유하였고, 그는 고등소학당에 장학생으로 입학하여 학업을 다시 시작하게 된다.

진위푸

1908년, 스물 한 살의 진위푸는 펑톈 성립省立 중학당에 입학한다. 그는 당시 입학생 50명 중 나이가 가장 많았지만, 자신의 실력을 유감없이 발휘했다. 그는 고등소학당, 중학당, 대학에 이를 때까지 연이어 관비 장학생을 도맡을 정도로 남다른 모습을 보여 주었다. 진위푸는 1913년 베이징대학 중문학과에 입학한다. 당시 중문학과에는 중국 국학의 제창자였던 장타이옌章太炎(1869~1936)

의 제자들이 다수 포진하고 있었다. 황칸黃侃(1886~1935)도 그중의 한 명이었다. 황칸은 청대 고거학考據學의 전통을 충실히 계승하여, 문헌 고증에 있어서 철두철미한 태도를 견지하였다. 진위푸는 황칸의 영향을 받아 정밀한 문헌 고증과, 신뢰할 만한 근거 없이는 판단하지 않는 엄정한 태도를 시종일관 고수하게 되었다. 훗날 진위푸는 발해사를 쓰는 데 있어 문헌 근거뿐만 아니라, 각지의 금석문, 더 나아가 현지답사를 통해 지리적 요건의 합치 여부까지 꼼꼼히 따지게 된다.

'학인입사 學人入仕'와 주경야독

입사入仕라고 하면, 관직에 나아가는 것을 일컫는다. 벼슬에 나아가면 사士

요, 자리를 지키며 독서를 하면 대부大夫라고 한 말에서 '사대부'가 유래한 것을 생각해보면, 전통시대의 입사는 공부와 그리 큰 차이가 있는 것은 아니었다. 과거제 폐지 이후에도 전통학문에 익숙한 기존의 고위 관료들은 남아 있었기 때문에, 어려서부터 한학의 기초가 튼튼했던 진위푸는 빠른 속도로 승진할 수 있었다.

1916년 베이징대학을 졸업한 진위푸는 션양瀋陽 문학 전문학교의 선생님 자리를 얻었다. 금새 펑텐성 의회 비서를 겸임하다가, 나중에는 비서장으로 승진하게 된다. 1920년 10월에는 헤이룽장성黑龍江省 교육청의 과장을 맡게 되었고, 이듬해에는 지린吉林 교섭서 제1과장 겸 비서를 맡게 된다. 진위푸는 중국 동북 지역의 각 관서에서 탐내는 인재였던 것이다.

그러다 보니, 학생들을 가르치는 일보다는 교육행정이 그의 주요한 업무가 되어갔다. 1921년 7월에 진위푸는 길장도윤공서吉長道尹公署의 총무과장으로 부임하게 되면서, 교육행정에서 한 걸음 더 나아가게 된다. 그러나 자신이 뜻을 둔 학문으로부터는 제법 멀어졌다.

그는 점차 학문과 멀어지는 자리를 받으면서도 직장생활을 그만두지 못했다. 좋지 못한 집안 사정도 있었지만, 무엇보다도 어머니를 봉양해야 했기 때문이었다. 70대에 접어든 노모는 건강 상태가 그리 좋지 못했다. 진위푸는 항상 전전긍긍할 수밖에 없었다. 직장을 그만두면 어머니를 모실 길이 막연했다.

불리한 상황에도 불구하고 그는 학문의 끈을 놓지 않았다. 퇴근한 후 여가시간을 활용하여 공부에 힘쓰는 한편, 각지의 학자와 서적들을 섭렵하기에 분주한 나날을 보냈다. 그 결실로 1927년에는 자신의 첫 번째 저작인 『요동문헌징

략(遼東文獻徵略)』을 내고,『장춘현지(長春縣志)』등을 집필하였다. 뜻이 맞는 동료 학자들과 동북학사東北學社를 결성하여 중국 동북 지역 역사 관련자료의 출판 활동에 힘썼다.

그는 헤이룽장, 지린, 랴오닝 동북 3성의 관직들을 두루 오가는 가운데, 1929년에는 동북정무위원회 기요처機要處 주임 비서, 이듬해 랴오닝성 정부 비서장을 거쳐 마침내 1931년에는 랴오닝성 정부위원 겸 교육청장에 오르게 된다. 랴오닝성 교육을 총괄하는 최고위직에 오르게 된 것이다.

1931년, 일본의 만주 침략과 「발해국지장편」 기필

1931년 9월, 일본은 류탸오후 사건柳條湖事件을 조작하여 본격적인 중국 침략에 나선다. 이때 중국은 표면적으로 국민당의 장제스가 북벌 성공 이후 대권을 잡고 있었지만, 동북 3성의 실권자는 군벌 장쉐량張學良(1898~2001)이었다. 일본군은 파죽지세의 기세로 랴오닝성 정부 소재지인 펑톈을 점령했다. 장제스는 일본의 도발에 대해 최대한 직접 대응하지 않는 방침을 정하고, 장쉐량에게도 저항하지 말 것을 당부했다. 국민당 정부의 무대책과 무능에 의해 중국의 동북 3성은 너무도 쉽게 일본군에게 넘어가게 되었다. 이곳에 남겨진 정부의 고위 관료들은 스스로 알아서 살 길을 찾아야 하는 처지에 놓이고 말았다.

펑톈을 점령한 일본군은 곧바로 랴오닝성의 고위 관료들을 구금했다. 당시 교육청장이었던 진위푸도 9월 22일 일본군에 의해 연행되었다. 그해 12월까지 이어진 연금생활은 몸은 편안했지만 정신적으로는 매우 고통스러운 시간이었다. 일본군은 좋은 식사를 제공했으며, 독서와 집필 등의 활동을 할 수 있도록 허용했다. 그러나 자유와 뚜렷한 목적이 없는 삶은 정신건강에 몹시도 해로운 것이었다.

구금되어 있는 동안 일본군은 진위푸를 회유하기 위해 온갖 노력을 기울였다. 이미 교육청장인 그에게 더 높은 관직과 막대한 급여를 제시하며 설득했다. 그러나 그는 이를 거절하면서, 학문을 향한 의지로 유혹을 이겨내고자 했다. 지리한 시간을 보내던 진위푸는 그간의 연구성과들을 뒤돌아보다가 『발해국지 장편』을 완성해야겠다는 뜻을 세우게 된다. 목적의식이 생기자 괴로웠던 구금 생활도 견딜 수 있을 것 같았다. 그는 11월 18일 초고를 쓰기 시작하였다. 필요한 참고문헌이 태부족인 상황에서도 그는 하루에 2천 자에 달하는 원고를 써내려가기 시작했다.

12월 13일, 함께 구금되었던 랴오닝 성장省長 장스이臧式毅가 결국 일본의 끊임없는 회유에 굴복하고 말았다. 풀려난 장스이는 진위푸가 풀려날 수 있도록 힘썼다. 그리고 22일, 진위푸는 3개월에 걸친 연금생활로부터 해방되었다. 진위푸는

진위푸의 발해국지 장편
출처: 국립중앙도서관 소장

교육청장으로 내정되어 있었지만, 끝까지 고사하였다. 하지만 일본인들은 장스이를 통해 진위푸에게 계속 압력을 넣었고, 결국 랴오닝성 정부의 참의參議을 맡게 되면서 랴오닝성의 문화교육을 관할하게 되었다.

고위공무원과 학자의 이중생활

1932년 3월 1일, 일본에 의해 괴뢰 만주국이 선포되었다. 진위푸가 맡았던 랴오닝성의 참의는 참사관으로 이름이 바뀌었다. 참사관은 교육청장보다도 높은 지위였다. 성省 내에서 성장 부재 시 내무부장이 대리를 맡게 되어 있었다. 내무부장도 자리에 없으면 참사관이 결재 권한을 가졌다. 지방 정부의 제3인자 격이었다.

이때 만주국에는 유명한 문인이자 학자였던 정샤오쉬鄭孝胥(1860~1938), 뤄전위羅振玉(1866~1940) 등이 있었다. 정샤오쉬는 만주국의 초대 국무총리를 지냈고, 뤄전위는 감찰원장을 지냈다. 그러나 진위푸는 이들과의 교류에서 정치에 대해서는 일언반구를 꺼내지 않았다. 직무와는 하등 관련 없는 『사고전서』, 『청실록』 간행이나 갑골문에 대한 논의만을 가졌다.

당시 만주국의 고위 관료들에게는 일본 헌병이 경호원으로 배치되었다. 말이 좋아 경호지, 사실상 24시간 일거수일투족을 감시하며 자유로운 활동을 통제하는 것이었다. 1932년 6월, 진위푸는 펑톈성 도서관 부관장을 맡게 되었다. 비교적 한직인 도서관으로 옮겨감에 따라 일본군의 감시도 느슨해졌다. 진위푸

일본의 대표적인 중국학자 나이토 코난
출처: 東方學會 編, 「內藤湖南博士」, 『東方學回想 I – 先學を語る』, 刀手書房, 2000

는 이때를 틈타 동북 지역의 사료를 수집·정리하여 출간하는 작업에 몰두했다. 이때 간행된 책으로 『발해국지장편』 20권과 보유補遺 1권, 『요해총서(遼海叢書)』 10집, 『문소각 사고전서 원본제요(文溯閣四庫全書原本提要)』 32책, 『봉천통지奉天通誌』 100책 등이 있다.

도서관에서 근무하기 시작한 이후, 진위푸와 일본인 학자들과의 교류가 본격화되었다. 1932년 7월 11일, 훗날 만주 건국대학 교수가 되는 조선사편수회의 이나바 이와키치稻葉岩吉(1876~1940)가 진위푸를 방문했다. 이나바 이와키치는 만주와 조선의 관계를 주장하는 '만선滿鮮 사관'으로 유명하다. 두 사람은 요동 지역의 역사연구를 위해서 조선과 중국에 남아 있는 사료들을 두루 살펴야 한다는 데 의기투합했다. 그렇게 일본 학자들과 연구에 필요한 사료와 성과들을 공유하는 관계가 만들어지기 시작했다.

이듬해 10월, 진위푸는 일본 동양학의 태두 나이토 코난內藤湖南(1866~1934)과 만남을 가졌다. 전통적인 한학자이기도 했던 나이토는 진위푸와 한시 수창을 하는 한편, 만주 지역에 남아 있는 금석문과 탁본을 함께 보며 의견을 교환했다. 진위푸는 일본 학계에 만주 지역 최고의 학자로 이름나기 시작했다. 이후 일본학자들은 만주에 올 때면 필수코스로 진위푸에게 들르게 되었다.

이 시기 진위푸는 연금 기간에 참고문헌 없이 기억에만 의존하여 쓰기 시작했던 『발해국지장편』의 검증작업에 한창이었다. 중국과 조선의 참고문헌들을 일일이 대조하여 확인하는 한편, 만주 각지에 흩어진 금석문들을 찾아 발품을 팔기 시작했다. 대표적인 것이 일명 집안 고구려비, 곧 광개토대왕비 같은 것들이었다. 이미 탁본이 유통되고 있었지만, 원본을 직접 확인해야 한다는 것이 그의 학문적 신념이었다.

다시, 1932년 10월 서울

1932년 10월 15일 토요일, 진위푸는 비서 김구경을 대동하고 오후 3시 20분 기차에 오른다. 펑텐 역을 출발한 기차는 남쪽을 향해 숨 가쁘게 달렸다. 저녁 9시, 신의주에 맞닿은 안둥安東에 도착했다. 밤새 열심히 달린 기차는 다음날 오전 10시에 서울에 닿게 된다.

여관에 짐을 풀자마자 그들은 경성제국대학에 방문한다. 그곳에서 지난 여름에 만났던 이나바 이와키치, 동양사학과 교수 토리야마 키이치鳥山喜一(1887~1959), 중국철학과 교수 후지츠카 린藤塚隣(1879~1948) 등을 만난다. 토리야마 키이치는 발해의 흔적을 찾고자 만주 답사에 부단히 노력을 기울이던 상황이었다. 후지츠카 린은 소문난 장서가였다. 당시 그의 서재였던 망한려望漢廬에는 만권장서萬卷藏書가 있다는 것이 정설이었다. 진위푸는 짐을 풀자마자 학자들을 만나러 갔다. 그는 학문적 호기심을 어느 정도 채운 후에야 공무를 수행하기 위해 조선총독부를 향했다.

그리고 며칠 뒤, 진위푸는 김구경과 함께 최남선, 김태준을 만나게 된다. 학자 네 명이 모인 자리에서 오가는 이야기는 당연히 공부에 관한 것이었다. 진위푸는 자신의 관심사가 동북 지역의 역사라는 것, 그리고 『발해국지장편』을 쓰고 있다는 것 등을 설명했다. 혹시 조선의 관련 서적들을 아는 것이 있는지, 서울에서 구할 수 있는 책이 있는지 없는지를 그들에게 꼼꼼하게 물어보았다. 통역과 더불어 필담이 오갔다. 김태준은 홍석주洪奭周의 『발해세가』와 같은 저작이 있음을 알려주었다. 최남선은 흔쾌히 자신이 가진 『병자록』을 보내 주겠다고 약속하였다. 진위푸와 김구경은 시내를 돌아다니면서 『발해세가』를 열심히 찾았지만 구할 수는 없었다. 서울뿐만 아니라 개성에서도 수배해보았지만, 신통한 결과는

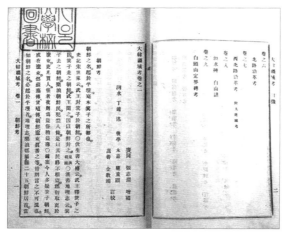

대한강역고
출처: 서울대학교 규장각 소장

없었다. 아쉬움을 뒤로한 채, 그들은 서울을 떠나는 기차에 오를 수밖에 없었다.

진위푸가 떠나고 얼마 지나지 않은 11월, 김태준은 『용비어천가』를 보내왔다. 이듬해 1월에는 진위푸가 서울에서 구하지 못했던 『발해세가』도 김태준이 보내주었다. 장지연이 간행한 『대한강역고』 안에 『발해세가』와 유득공의 『발해고』가 포함되어 있던 것이다. 이참에 최남선도 자신이 말했던 『병자록』을 발송하였다. 진위푸도 그들이 보내준 책에 감사를 표하며 김태준에게 『심고(瀋故)』를 발송하게 된다.

중국 동북 지역 역사학의 아버지

장타이엔-황칸으로 이어지는 중국 국학 전통의 계승자이면서, 동시대 일본과 조선의 학자들과 교류를 게을리하지 않았던 진위푸는 『발해국지장편』, 『동북통사』 등의 저작을 통해 일국사적 관점에서는 포착하기 어려웠던 지역사의 관점을 개척해냈다. 지역을 무대로 다양한 민족들의 흥망성쇠를 그려냈으며, 기존에 명확하지 못했던 발해의 모습을 문헌과 금석문의 고증을 통해 그 실체를 파악하고자 했다. 그는 중국사에서 주변적 위치에 있었던 발해, 요, 금 등을 수면 위로 끌어 올렸다. 관료와 학자를 오가는 생활 속에서도 원칙을 고수하는 학문을 수행했던 그는 오늘날 중국 동북 지역 역사학의 개조開祖이자 거벽巨擘으로 추앙받고 있다.

국민당의 방기, 일본의 침략, 만주의 이권을 탐하고 있던 러시아 등 지극히 혼란했던 만주 지역에서 '가짜 국가'에서 일해야만 했던 그는, 오히려 위기를 기회로 삼아 자신의 학문을 발전시킬 수 있는 계기로 삼았다. 그는 동아시아 지역에서 가장 안정된 상황을 바탕으로 동양사학을 개척해나가던 일본, 만주 지역과 인접해 있으면서 적지 않은 사료를 지닌 조선의 연구자들과의 활발한 소통을 통해 학문의 수준을 한 단계 더 높이 끌어올릴 수 있었다. 그의 학설은 오늘날에도 중국 동북 지역 사학에 있어 주요한 참고문헌으로서의 위치를 지니며, 오늘날의 연구자들이 넘어야 할 산으로 자리하고 있다.

에필로그: 탈출과 탈출을 포기한 삶

1934년 일본은 만주국을 10개 성으로 개편하고, 그중 조선과 맞닿은 안동성의 성장으로 진위푸를 내정한다. 진위푸는 재차 사양했지만, 더 이상 사양할 수 없는 순간이 오리라는 것은 명약관화였다. 그는 만주국 탈출을 준비했다. 1935년, 도쿄제국대학의 교수 핫토리 우노키치服部宇之吉(1867~1939)와 이케우치 히로시池內宏(1878~1952)가 만주국의 선양을 방문했다. 진위푸는 그들에게 일본에서 유학할 수 있는 기회를 주선해 달라고 부탁했다. 핫토리 우노키치는 일본 군부와 협상하여 진위푸가 일본으로 갈 수 있도록 주선했다. 1936년 4월, 도쿄에 도착한 진위푸는 3개월 동안 도쿄제국대학과 동양문고 등을 오가며 감시의 눈길이 느슨해지기를 기다렸다.

1936년 7월, 그는 가명으로 상하이행 여객선에 오른다. 5년 만에 마침내 일본의 속박으로부터 벗어나게 된 것이다. 그는 당시 중화민국의 수도 난징에서 전 베이징대학 총장 차이위안페이蔡元培(1868~1940), 저명한 역사학자 푸스녠傅斯年(1896~1950) 등의 중개로 학계의 요인들과 관계를 맺게 된다. 그때 중앙대학 총장 뤄지아룬羅家倫(1897~1969)은 진위푸를 눈여겨보았다가 중앙대학 교수로 초빙하였다. 학계뿐만 아니라 정계에서도 그를 탐내는 곳이 많아, 행정원 참의, 교육부 특약편집으로도 초빙되었다. 이후 진위푸는 전쟁을 피해 충칭으로 옮겨 간 중앙대학에서 교편을 잡았고, 1941년에 이르면

진위푸의 동북통사, 좌하단에 동북총서의 인장이 선명하다.
출처: 金毓黻, 『東北通史(上編)』, 社會科學戰線雜誌社, 1980

쓰촨으로 피난해 있던 동북대학에 부임하여 『동북통사』 상권을 출판하게 된다.

1949년 1월, 국공내전에서 승리한 공산당이 베이징을 통제하게 되었다. 당시 국민정부 국사관國史館의 주임이었던 진위푸는 선택의 기로에 섰다. 이미 타이완에 도착해있던 그의 두 아들은 진위푸에게 편지를 보내 타이완으로 잠시 피신하도록 종용했다. 그는 다음과 같이 답했다.

나에게는 동북지역의 유물을 잘 보관해야 할 책임이 있다. 그리고 모든 서적이 베이징에 있다. 이것을 포기하는 것은 물고기가 물을 잃는 것(如魚失水)과

같다. 나는 이곳을 떠날 수 없다.

그렇게 중화인민공화국에 남은 진위푸는 이후 베이징대학의 교수 등을 거쳐 중국과학원 역사연구소에서 연구원직을 맡게 되었다. 이 기간 그는 자신의 기존 저서들을 수정·재판하는 작업을 병행했다. 진위푸는 1960년부터 새롭게 발견된 사료들의 분석을 더해 『발해국지장편』의 수정작업을 진행했지만 끝내 완성을 보지 못했고, 1962년 베이징에서 타계하게 된다.

6

루링
한국전쟁을 인도주의적 시선으로 바라보다

한 담 | 원광대 동북아시아인문사회연구소 HK연구교수

중국인에게 한국전쟁은 무엇이었나

1950년 6월 25일 발발한 한국전쟁은 우리에게 '동족상잔'과 민족 분단의 비극이었다. 그러나 그해 10월, 공산 진영인 북한을 돕기 위해 참전한 중국은 이 전쟁을 미 제국주의에 대항하여 조선(북한)의 해방과 세계평화를 수호하는 '항미원조抗美援朝'로 기억한다. 그리고 세계에서 가장 강력한 군사력을 가진 나라 미국과 싸운 이 전쟁은 중국에서 제국주의와 식민으로 점철된 굴욕적인 근현대사를 끊어낸 '승리'로 각인되었다.

그러나 참전 초기, 중국 인민 대다수는 자국을 지키기 위한 것도 아니고 더구나 원자폭탄을 가진 미국과 싸워야 하는 이 전쟁에 선뜻 동의하기 어려웠다. 국내외적으로 혼란스러운 상황에서 국민이 동의하지 않는, 명분도 없는 전쟁을 하게 되면 정권 자체가 흔들리는 위기를 맞을 수도 있었다. 그리하여 중공 중앙은 전국적 규모의 '항미원조 대중운동'을 통해 각종 선전과 교육을 진행하는 동시에, 문예文藝 작품을 통해서는 정치적이고 추상적인 국가 선전을 일상생활에 녹여내 민중들의 심리적 공감을 끌어내는 데 주력하였다. 특히 이 전쟁은 국경 밖에서 벌어진 탓에, 대다수 민중에게는 전지에서 날아온 '항미원조' 문예로 경험한 '상상 속의 전쟁'이었음에 주목해야 한다.

한국전쟁 발발과 함께 탄생한 중국의 '항미원조' 문학은 "항미원조, 보가위국"이라는 참전 기치를 주제로, 신중국의 '인민모범'으로 그려지는 '인민지원군'의 혁명 영웅주의, 애국주의, 국제주의 정신을 표현한 사회주의 문예이다. 이러한 사회주의 문예는 정치적 선전 및 교육 기능이 강하고, 궁극적으로 인민대중에게 사회주의 세계관을 내면화시키기 위한 것이다. 대표적인 '항미원조' 작가로 꼽히는 웨이웨이魏巍, 빠진巴金, 양숴楊朔, 루링路翎은 전지戰地 취재와 생활 체험, 창작, 위문 등의 다양한 목적으로 전쟁 중인 한반도를 방문했다. 그렇게 그들은 당대의 새로운 문예 규범 안에서 조직적이고 집단적으로 '항미원조' 문학을 창작했다. 그러나 신중국 수립 이전의 중국에서 다양한 출신성분과 세계관을 가진 작가들은 단시간에 사회주의 이데올로기로 개조될 수 없었고, 기존의 창작 세계가 작품 속에 은연중에 드러나면서 상이한 '항미원조' 전쟁 풍경을 만들어냈다. 오랜 시간 부대 문예 사업에 종사해 온 웨이웨이魏巍가 이 전쟁을 사회주의 신중국의 새로운 사회주의 이데올로기에 입각한 '해방전쟁의 해외판'으로 그려냈다면, 양숴楊朔는 『삼천리강산(三千裏江山)』에서 일제 침략 시기 두 민족의 집단적 상흔에서 출발하여 전통적인 '순망치한脣亡齒寒' 관계를 냉전 논리로 풀어냈다. 반면, 5·4 신문화운동의 계몽 세례를 받은 루링路翎(1923~1994)은 이들과 또 다른 '항미원조' 서사를 보여 주었는데, 전쟁과 인간에 대한 루링의 시선은 집단주의로 수렴되는 계급도 민족주의도 아닌, 국경을 초월하는 보편적 인도주의에 있었다. 그래서였을까? 루링은 당시의 시대 담론과 어긋나게 되었고, 비판의 대상이 되었다. 하지만 오늘날, 이러한 루링의 '항미원조' 시기 작품은 주류문학 밖에 있는 '최초의 이단'으로 평가되며(洪子誠, 2011: 124-125) 예술적 측면에서 중점적으로 다뤄지는 유일한 작가가 되었다. 그렇다면, 루링의 작품 속 그가 전쟁과 인간을 바라보는 시선은 어땠을까? 어째서 그는 중국 문예계의 거센 비판을 견뎌야 했나.

루링과 중국 문단, 그 시선의 어긋남

루링과 그의 창작에 대한 비판은 1954년에 발표한 『저지대에서의 '전투'(窪地上的"戰役")』를 중심으로 본격화되었다. 당시 문예계는 루링의 작품을 "개인 자유주의, 온정주의, 비극색채"라며 비난했고, 심지어 인민군 정치공작자였던 호우진징侯金鏡은 그의 작품 내용을 실제 전투 공작에 하나하나 비교하면서 루링의 창작이 부대의 정치 생활을 왜곡하여 묘사했다고 비판했다.(侯金鏡, 1954) 이는 당시 문예비평이 문학성이나 예술성보다는 정치나 사상 비판에 가까웠다는 점을 확인할 수 있다. 동시에 '항미원조' 선전에 있어 문예의 역할이 얼마나 중대했는지를 추측해 볼 수 있는 대목이다.

루링
출처: sogou baike

당시 발표된 루링의 '항미원조' 작품과 그에 대한 문예비평을 살펴보면, 중국 문단의 '항미원조' 문예 창작 기준과 루링의 창작 실천 간의 균열을 가늠할 수 있다. 루링 작품에 대한 비판의 칼날은 대부분 이 전쟁에서 싸운 인민지원군의 심리 묘사를 겨누고 있는데, 이것이 곧 당시의 사회주의 이데올로기에 수렴되지 않는 루링의 '항미원조' 창작 세계가 갖는 특징이었다. 중공 중앙에서 요구한 지원군은 인간이라기보다 결점이 없는 영웅 전사였고, 이는 곧 이상적인 신중국·신사회·신주체의 표상이었다. 그러나 루링의 붓끝에서 탄생한 지원군은 희로애락의 감정을 가진 인간의 모습이었다. 사실 루링은 혁명 열기가 가장 뜨거운 북한까지 자원해 갔을 정도로, 신중국의 광명과 새 희망을 다루고자 노력했다. 그러나 정치적 요구와 창작욕 사이에서 '인간 내면의 탐구자'로서 문학가의 사명을 끝내 놓지 못했다. 오히려 생사가 갈리는 극한의 전쟁이라는 특수상황은 복잡한 인간의 내면세계를 더욱 적나라하게 드러나게 할 뿐이었다. 루링은 이미 여러 차례 그에 대한 비판을 의식하며 당대 문단과 어긋나는 자신의 글에 대한 문제를 알고 있었다. 하지만 그는 죽음을 마주하고 있는 그 찰나, 한 생명의 독자적 경험을 민감한 통찰력으로 솔직하게 써 내려갔다.

그러나 루링의 '항미원조' 전쟁 서사가 주류문단이 허락한 범위를 벗어나 있었다고 해도, 그것과 완전히 이탈하여 대적하고자 하는 의도는 결코 아니었다. 루링 작품 속에 지원군 전사들은 여타 작품처럼 애국주의와 국제주의를 위해 용감하게 싸웠고, 불행한 조선 인민들을 가족처럼 여기고 보호했으며, 조선 인민들 역시 지원군을 아들처럼 의지하고 아끼는 모습으로 그려졌다. 당시 루링에 대한 일련의 비판과 그가 1955년에 발표한 반박문「왜 이렇게 비평하는가?:『저지대에서의 '전투』등 소설에 관한 비평」(路翎, 2011:454)을 참고해 보면, 표현 방법에 차이가 있을 뿐, 문예계와 루링이 '항미원조' 문학을 통해 실현하고자 하는 지향점은 같다는 것을 알 수 있다. 그는 이 반박문에서, 일련의 비판이 집중된 작품 속에 묘사된 지원군의 애정, 가족, 평화로운 생활상을 가리키며 "여기서 묘사된 것은 이런 전사입니다. 그의 운명과 조국의 운명이 일치하고, 그의 고향과 가족에 대한 감정이 바로 조국에 대한 감정인 것입니다"라고 정면 응수했다. 한편 호우진징은 "집단주의와 계급적 자각의 거대한 힘을 제거하고, 그 대신 보잘것없고 심지어 속물적인 개인의 행복에 대한 경이로움을 인민군대 전투력의 원천으로 삼는 루링의 이 몇 편의 작품은 개인주의를 선전하는 유해한 작품이라 할 수 있다"(侯金鏡, 1954)라고 지적했다. 루링은 이 비판에 대해서도 "그들의 구체적 분석에 적용한 논리에 따르면, 정의로운 전쟁이 구성원 개개인의 행복과 희망을 포함하지 않기 때문에, 삶에 대한 깊은 감정을 불러일으킬 수 없다"라고 반박했다.(路翎, 2011:437-438) 루링은 인민과 조국이 '혈육 관계'이기 때문에 애국과 개인의 행복은 일치하는 것이며, 여기서 출발할 때 비로소 집체주의라는 원대한 목표에 도달할 수 있다고 주장한 것이다. 이는 루링의 계급 이데올로기, 집체주의에 대한 이해와 출발점이 '인간/개인'에 있었음을 시사한다. 그렇다면, 주류 이데올로기가 요구하는 지원군의 형상과 작가가 실제로 보고 느낀 현실의 균열 사이에서, 그의 작품 속 지원군은 어떻게 그려지고 있을까?

희로애락의 감정을 가진 '인간', 중국 인민지원군

루링의 작품 속에서 지원군은 선·악이라는 이분법적 구도 밖에 있는 평범한 '인간'의 모습을 하고 있다. 장편소설 『전쟁, 평화를 위하여』를 제외하고, 루링의 산문과 단편소설에는 영웅도, 악인도 크게 부각되지 않는다. 즉 지원군은 '선'으로, 적군은 '악'으로 그려지는 이분법적 구도에서 빗겨나 있고, 지원군의 모습에는 결점 없는 영웅도 없고 고정된 악인도 없다. 지원군도 인간이기 때문에 부대 내에서 서로 갈등하고, 지휘관의 위치에 있는 지원군은 전쟁 속에 고뇌하며, 또 자신이 내린 판단이 전사들을 죽음으로 내몰지 않을까 조마조마해 한다.

1954년 2월호 『해방군문예』에 실린 「너의 영원히 충실한 동지」에서는 잘 단합되지 않던 지원군들이 전투 과정에서 점차 동지애를 느끼고 결국 하나가 되는 이야기를 그리고 있다. 박격포 중대 3분대 분대장 주더푸朱德福는 보병 2중대에서 이곳으로 배치된 지 2개월이 지났지만, 여전히 만족하지 못하고 전에 있던 보병대로 돌아가고 싶어 한다. 한편, 노련한 포수 장창런張長仁은 새로 배치된 자오시산趙喜山이 마음에 들지 않는다. 왜냐하면 그는 박격포 3분대의 무기

상태와 전사들을 무시했기 때문이다. 하지만 분대장 주더푸는 어리숙하지만 순수한 자오시산을 나무라지 않고, 오히려 그를 편애하면서 세 사람 사이에 갈등의 골이 깊어진다. 노전사이자 분대장인 주더푸가 소설 속 갈등을 일으키는 인물 중 하나로 그려져 신병 자오시산과 함께 '사상투쟁'의 대상이 된다는 점도 흥미롭지만, 더욱 주목되는흥미로운 것은 이들이 갈등을 해결하고 단결하는 과정이다. 비록 대화와 비판대회檢討會를 거치긴 하지만, 완전히 해소되지 않았던 갈등은 주더푸가 아들의 편지를 받고 가족 이야기를 꺼내면서 해결된다. 그는 해방 전인 구사회부터 지금까지, 혁명에 매달리느라 가족을 제대로 보살피지 못한 지난날을 아쉬워하며 벌써 15살이나 되어버린 아들에 대한 미안함을 토로한다. 그의 가족 이야기를 들은 장창런은 그제서야 주더푸가 조선의 아이들은 물론, 자오시산을 자애로운 마음으로 자식처럼 여겼다는 것을 이해하게 된다. 하지만 이 소설은 호우진징에 의해 병사들의 정치 생활을 왜곡했다는 비판을 받는다.(侯金鏡, 1954) 호우진징의 논리에 따르면 정치적 단결은 가족애가 아닌 조직의 원칙, 엄숙하고 진지한 자아 비판을 통해 이뤄져야 하기 때문이다.

　　신입 전사 장푸린張福林이 첫 전투를 겪으면서 노전사가 되는 과정을 그린 『전사의 마음』에도 이런 특징들이 보인다. 첫 전투에 참가한 돌격소대 장푸린이 미숙한 탓에 적에게 발각되자, 돌격소대는 계획보다 더 빨리 공격을 감행하게 되었다. 예상치 못한 적의 포화에 지원군 전사들이 부상을 당하고 부분대장이 전사하게 되자, 분대장 우멍차이吳孟才는 아끼는 전우를 잃은 상실감에 장푸린을 원망한다.(路翎, 1981: 4) 한편 용감한 지원군들의 모습을 보며 점차 전사의 모습을 갖춰가는 장푸린은 전투 중에 적군인 미군과 맞닥뜨리게 된다. 하지만 그가 마주한 것은 줄곧 상상해 온 악마 같은 '미국 놈'이 아니라, "여위고 키가 큰, 18~19세"의 "공포로 가득 찬 눈동자"였다. 그는 한참 동안을 적의 총구가 아닌 '공포의 눈동자'를 주시하고 머뭇대다가, 분대장의 호된 다그침이 들리는 순간에 못내 방아쇠를 당긴다.

이렇듯 루링이 그린 지원군은 상부 지휘관부터 신참내기 병사에 이르기까지, 절대적인 선과 악의 기준에서 빗겨나 있다. 또한 첫 전투에서 죽음에 대한 두려움을 극복하지 못한 전사, 자신의 전우를 잃은 상실감에 미움을 느끼는 분대장, 자신보다 어린 나이인 미군의 공포 어린 눈을 응시한 지원군의 감정 등 다른 작가의 작품에서는 접할 수 없는 전쟁과 인간의 모습을 통해 죽음과 공포를 날 것 그대로 담아낸다.

죽음 앞에 드러난 인간의 본성

전쟁에서 죽음은 매 순간 어디에나 도사리고 있다. 전쟁 중에 살아남는 것이 죽는 것보다 어려우니, 어쩌면 '생生과의 싸움'이라 하는 것이 더 적합하겠다. 하지만 당시 전쟁 속의 죽음은 영광스러운 것이었고, 영웅적 희생이자 성스러운 것이었다. 그러나 루링은 죽음의 문턱에 선 인간이라면 대면할 수밖에 없는 본성을 용감하고 솔직하게 그려냈다. 그것은 마치 잠꼬대처럼 꿈인 듯 생시인 듯 처리되어, 현실에서는 절대 일어날 수 없는 일인 것처럼 느껴진다. 『저지대에서의 '전투'』에서 한 정찰소대는 조선의 가정집에 잠시 머무르게 된다. 주인아주머니의 딸 김성희는 신병 왕잉훙王應洪을 좋아하지만, 그는 오로지 전쟁에서 공을 세울 생각뿐이다. 하지만 그에게도 점차 "마음속에 전에 없던 달콤하고 당황스러운 감정이 나타나기 시작했다".(路翎, 2011: 236) 첫 임무를 수행하러 간 왕잉훙은 작전 수행 중 큰 부상을 당한다. 엄격한 군의 기율은 청년을 진정한 전사로 성장시켰고, 소녀에게 느끼는 이성적인 감정도 통제했다. 하지만 막상 죽음을 앞두자 군의 기율도, 전쟁이 가져다준 격동도, 공을 세우겠다는 영광스러운 다짐도 멀어져가고 오직 상처로 인한 고통만이 느껴질 뿐이었다.(路翎, 2011: 262) 피곤함과 고통에 시달리다 의식을 잃고 잠이 든 그는 짧지만 달콤한 꿈을 꾼다. 현실에서 적의 포위 속에 있던 그는 단숨에 아픈 자신을 걱정하며 보살펴주는 어머니를 만났다가, 또 자신조차 모르고 있던 '달콤하고 당황스러운 감정'으로 김성희를 만난다. 그녀는 가슴에 훈장을 단 왕잉훙을 위해 춤을 추는데, 그녀가 춤을 추는 그곳은 꿈에 그리던 천안문이다. 그곳에서 마오쩌둥이 그를 격려하고 김성희도 어머니 품으로 달려드는데⋯. 꿈속에서 그는 다시 강인하고 즐겁게 적진을 향해 출발했다.(路翎, 2011: 260-261) 조국을 수호하고 조선을 지키는 지원군 전사인 왕잉훙과 사랑하는 사람들과 함께하고 싶은 왕잉훙은 본디 하나인데, 죽음이 코앞에 닥친 후에야 그 본래의 나를, 나의 소망을 꿈속에서 스치듯이 이룬 것이다.

전쟁 너머의 그곳, 평화로운 삶 그리고 가족

루링의 작품에는 항상 '전쟁 이후의 평화로운 삶'이 또 하나의 지향점으로 내포되어 있다. 그렇게 볼 때, 지금의 전쟁은 비일상적인 것이며 잠시 스쳐 지나가는 것이 된다. 물론 '평화로운 삶'은 직접적으로 나타나지 않고, 전사들이 고향에서의 삶과 가족을 떠올리거나 오랜 전투 생활로 일상 삶에서 멀어져 버린 전사들의 고뇌 속에 간접적으로 드러난다. 하지만 다른 작가들은 전쟁을 침략과 억압에 저항하여 해방을 이루는 '정의'로 보았고, 영웅이 성장하는 장소로 그려냄으로써 전쟁과 투쟁 그 자체를 목적으로 다루었다. 루링의 작품은 그렇지 않았다. 루링의 작품 속에서 전쟁 속 투쟁은 지원군들이 조국과 조선을 보호하면서도, 내 가족을 보호하는 것이고, 후방에 두고 온 고향과 가족에 대한 그리움을 더욱 짙게 만든다. 심지어 "혹시 내가 그 평화로운 삶에서 영영 떨어져 나와 버린 건 아닌가?"하는 조바심도 들게 한다.

『저지대에서의 '전투'』에서 김성희와 왕잉훙을 안타까운 마음으로 바라보는 분대장 왕슌의 내면세계를 살펴보자. 그는 왕잉훙에게 겉으로는 군의 기율을 강조하지만, 마음속으로는 젊은 사람이 이렇게 사랑에 둘러싸여 있어도 오직 전장에서 공을 세울 생각만 하는 것을 안타까워한다. 작전 수행 중에 그와 왕잉훙이 부상을 당해 적군의 진지에 숨어 있는 장면에서 왕슌은 문득 이런 잔혹한 전쟁과 너무나 대비되는, 평화로운 삶에 대한 김성희의 소망을 떠올린다. 그리고 자연스럽게, 6년이나 떨어져 지내는 아내와의 관계를 떠올린다.

그는 아내와 떨어진지 6년이나 됐다. 편지에는 항상 그를 6년 전 그 장난기 많은 청년이라고 여기며, 늘 먹는 것을 조심하고 감기에 걸리면 안 된다고 당부한다. 평화로운 생활에서야 감기나 기침도 걱정하겠지만, 현재 그는 숱한 전투를 경험한 노련한 정찰병이다. 더 이상 장난을 좋아하는 청년이 아닐 뿐더러, 규율에 따라 어떤 진흙탕이든지 몇 시간을 잠복해야한다. 그런데 아침 저녁 감기에 조심하라니! 대체 어디서부터 말을 꺼내야할까.

- 路翎, 2011: 259

왕슌은 고향과 가족에 대한 그리움을 넘어, 자신의 현재 상황을 전혀 이해할 길 없는 아내를 책망하고 있다. 그 원망의 대상은 누구일까? 소설 속에는 드러나지 않았지만, 어쩌면 전쟁 그 자체가 아니었을까? 그가 꿈꾸던 삶은 이미 그에게서 멀어져 버린 듯하다. 평범한 삶에 대한 왕슌의 갈망은 앞으로 자신과 같은 길을 걸어갈 청년 왕잉훙에 대한 연민으로 이어진다.

조선인에게는 '동족상잔'의 비극

루링의 '항미원조' 작품 중 유일한 장편인 『전쟁, 평화를 위하여』는 1955년 전에 완성된 것으로 추측되나, 1985년 12월에 첫 출판되었다. 이 작품은 2차 전투가 끝난 1950년 말부터 정전협정이 체결된 1953년 7월 27일 전후까지를 배경으로, 전방인 조선과 지원군의 고향인 후방의 초기 농촌 사회주의 개조운동을 그리고 있다. 또한 5장을 기준으로 전반부에는 조선인민군 배영철이 주요 인물로 부각되면서 '중·조 합동작전'이 펼쳐지고, 후반부에는 정전협정에 이르기까지 '중·조 군민 간의 우애'가 그려진다.

더욱 주목할 만한 것은 루링이 조선인 마을의 무대를 '38선 부근'으로 설정했다는 점이다. 전반부에서는 한강 이남의 남한 마을을 조명하고, 후반부에서는 38선에 가까운 북한 마을을 다룬다. 양숴 소설 『삼천리강산』과 비교하면 38선의 경계를 무대로 한 본 작품의 의미가 보다 뚜렷해진다. 『삼천리강산』은 '조선과 중국'의 경계인 동북 지역의 변방에 근무하는 중국 철도노동자 지원군 이야기를 다룬다. 이 작품 속 조선과의 지리적 접근성은 전통적인 중·조 간의 '순망치한' 관계에서 출발하여, 조선이라는 국경 밖에서 벌어지는 전쟁이 중국에 미칠 위기감을 증폭시키는 데 기여했다. 그러나 만약 조선을 남북으로 가르는 경계인 '38선'을 시야로 가져온다면? 민족 간의 이념 갈등으로 폭발한 '동족상잔'이라는 한국전쟁의 본질이 드러나면서, '항미원조'가 요구하는 '적과 우리'라는 대립구조가 위태로워진다. 한마디로 '항미원조' 서사의 정치적 목적에는 전혀 도움이 되지 않는 매우 위험한 설정이라고 볼 수 있다. 물론 소설에서도 전반부의 남한 마을은 "일찍이 이승만의 선전으로 마비된 곳"(路翎, 1985: 61)으로, 후반부의 38선에 가까운 북한 마을은 "38선에 가깝고, 과거 이승만 정권 바로 옆에 있었기 때문에 간첩과 악질분자들이 늘 소란을 피웠다"(路翎, 1985: 283)라고 묘사된다. 하지만 여기서 38선 이남과 북한 마을의 인민들이 이승만 군대의 폭정에 견디지 못해 인민군과 지원군을 열렬히 환영했다는 식으로 서술했다면, 정치적 위험은 피할 수 있었을 것이다. 하지만 루링은 그런 길을 선택하지 않았다.

　실제로 1951년 6월부터 1953년 7월 27일 휴전협정에 이르기까지 약 26개월 동안의 전투는 피아 쌍방이 38선을 중심으로 기존 점령지를 뺏고 빼앗기는 공방전으로 전개되었다. 지도상에 한 뼘도 안 되는 땅을 차지하기 위해 수많은 젊은이들이 희생되었다. 또한 이 과정에서 특정 지역은 불과 며칠 단위로 국군에서 인민군으로, 또 인민군에서 국군의 통치로 '세상'이 바뀌었고, 그저 목숨을 부지하고자, 가족의 생계를 위해 인민군 또는 국군에게 협조한 양민들은 각 정권에 의해 '부역자'라는 죄명으로 무참히 희생되었다. 그리고 조선의 수많은 남성은 병력 충원을 위해 남한 혹은 북한으로 끌려가 노역을 하거나 총을 들어야 했다. 38선 경계 지역이었다면 이런 비극은 더했을 것이다. 1952년 12월에 조선에 들어간 루링은 이러한 조선의 현실을 보았을 것이고, 그런 무대를 선택해 현실 속의 전쟁과 조선의 인민을 담아낸 것이다. 그래서인지 그의 작품 속에는 북한 인민뿐 아니라 남한 인민도 등장하고 또 남한군도 등장한다. 이렇듯 조선과 전쟁에 대한 작가의 남다른 인식은 소설에서 평범했던 한 가족이 이념으로 인해 남북으로 찢어지고 결국 파탄에 이른 비극을 비춤으로써, 이 전쟁의 본질이 조선의 '동족상잔'임을 간접적으로나마 전달하고 있다.

두 아들을 서로 다른 진영에 둔 조선 어머니의 슬픔

작품 속으로 한 걸음 더 들어가 보자. 38선에 가까운 마을에 사는 이 씨네는 두 아들이 모두 전쟁터에 있는데 "큰 아들은 인민군으로, 둘째 아들은 반동 조직에 참가해 이승만을 따라갔다."(路翎, 1985: 285) 어느 날, 마을 부녀위원 김정영과 최 씨 아낙은 그 집에 둘째 아들이 돌아온 것 같다는 소식을 듣고, 다른 일을 핑계 삼아 이 씨네 아낙을 찾아간다. 그들이 둘째 아들 때문에 자신을 찾아왔다는 것을 이미 알고 있는 이 씨네 아낙은 어머니로서 혈육의 정과 이념 사이에서 번뇌한다. 이 씨네 아낙은 아들이 부탁한 음식을 준비했음에도 이것을 갖다 줘야 할지를 고민하고, 또 한편으로는 자신을 찾아온 그녀들이 제발 눈치채지 못하길 마음속으로 간절히 바란다. 결국 이 모든 것이 발각되고, 이 씨네 아낙은 지원군과 함께 아들이 있는 곳에 가기로 결정하고는 슬피 울다 혼절한다. 겨우 깨어난 그녀는 아들과 약속한 저녁 시간이 가까워질수록 또다시 마음속으로 고뇌한다. "혹시 아들을 잡아 죽이면 어떡할까, 내가 잘 설득하고 용서를 빌면 안 될까?" 하다가도 "스파이! 강도, 도적놈!"하고 아들을 비난한다. 또 그런 말을 내뱉는 자신에게 소스라치게 놀라면서 고개를 가로젓다가 문득, 인민군에 있는 큰 아들을 떠올린다. 그녀의 상상 속에서는 미군이 큰아들을 포위하고 총을 겨누고 있다. 그녀는 미군을 아직 발견하지 못한 큰아들이 총에 맞을까봐 아들의 이름을 애타게 부르면서 끔찍함에 몸서리를 친다. 약속한 시간이 되자, 그녀는 지원군에게 자신이 먼저 둘째 아들을 설득해보겠다고 간곡히 부탁하고, 그 마음을 헤아린 지원군들은 주변 풀숲에 은신하여 대기하기로 한다. 그러나 둘째 아들이 숨어 있던 최 씨 아낙을 발견하게 되면서 상황이 악화되고, 아들을 설득하는 데 실패한 이 씨네 아낙은 최 씨를 해하려는 아들의 총을 대신 맞고 죽게 된다.

물론 루링은 허용된 이데올로기의 틀 안에서 둘째 아들과 그 가족을 형상화했다. 두 아들의 어린 시절을 회고하는 부분에서, 큰아들은 긍정적으로 작은 아들은 어릴 적부터 게으르고 약삭빠른 부정적 인물로 묘사하였으며, 지금은 미군의 스파이 기구에 들어가 돈을 탐하고 조선 인민들을 죽이고 마지막에는 어머니까지 죽이는 냉혹하고 무정한 인물로 묘사하였다. 그러나 루링은 서사의 초점을 남한군도 지원군도 아닌, 두 아들을 서로 다른 진영에 둔 어머니에게 맞춤으로써, 이 전쟁이 평범한 가족을 비극으로 내몰았음을, 넓게는 한 민족이 남북으로 갈라서 서로 총을 겨누는 '동족상잔'이었음을 간접적으로 묘사하고 있다. 따라서 이 작품은 조선 인민에게 이 전쟁이 '적과 나'의 투쟁이기도 하지만, 그 적이 본래는 한 가족이었고 함께 사는 이웃이었다는 것을 보여주는 인도주의적 시야가 담긴 유일한 '항미원조' 문학이라고 평가할 수 있다.

이념과 시대를 초월한 루링의 인도주의적 시선

사회주의 혁명 시기 중국에서 전쟁은 평화를 가져오는 수단이자 영웅을 배양해내는 투쟁의 장이었고, 죽음은 영광스러운 희생으로 미화되었다. 루링은 이러한 주류 이데올로기적 서사에서 벗어나, 전쟁을 비일상적인 극한의 특수상황으로 인식하고, 죽음에 무방비하게 노출된 인간의 비극과 그 내면세계에 주목했다. 루링의 작품들이 당시 비판받았던 것은 어쩌면 당연한 처사였다. 그러나 오늘날 중국의 '항미원조' 서사가 그의 창작 세계에 많은 빚을 지고 있는 것을 보면, 인간 본연에 대한 관심과 사랑만이 이념과 시대를 초월하는 가장 소중한 가치임을 확인시켜 준다.

7

엘리자베스 키스
일제강점기 한국을 바라보는 시선

권의석 | 원광대 동북아시아인문사회연구소 HK연구교수

19세기 중반은 서양 각국이 해양 제국을 건설하고 중국, 일본도 서구와의 충돌 이후 개항을 통해 서양과의 교역을 확대하던 시기였다. 하지만 조선은 여전히 서양의 접촉에 소극적으로 대응하면서 쇄국 정책을 고수하였다. 1866년과 1871년, 각각 프랑스와 미국의 무력 침입이 있었을 때도 흥선대원군이 이끌던 조선 조정은 무력으로 대응하면서까지 외세의 접근에 저항하였다. 하지만 결국 1876년에 일본의 함포 외교로 최초의 불평등조약인 '강화도조약'을 체결하면서 조선은 강제로 개항하게 되었고, 1882년 서양 국가 중 최초로 미국과 통상조약을 맺었다. 미국인 학자 윌리엄 E. 그리피스William E. Griffith가 "은자隱者의 나라"라고 부르던 조선은 서서히 세계를 향해 문을 열기 시작했다.

서양 국가와 조약을 맺고 이들과의 교역을 시작하면서, 조선을 찾는 방문객의 수도 점차 늘어갔다. 외교관, 상인뿐만 아니라 선교사, 군인, 작가, 모험가

엘리자베스 키스
출처: 미국 오레건 대학교 조던 슈니첼 미술관
(Jordan Schnitzer Museum of Art, University
of Oregan) 소장

등 점차 다양한 배경과 직업을 가진 인물들이 조선을 찾기 시작하였다. 이 가운데에는 서양인 화가들도 다수 있었는데, 이들은 19세기 말과 20세기 전반에 걸쳐 한국을 방문했다. 영국인 화가 헨리 새비지 랜도어Henry Savage-Landor가 1890년에 입국하여 여행한 뒤 1895년 런던에서 출간한 여행기 『조선, 고요한 아침의 나라(Corea or Chosen, the Land of Morning Calm)』에 자신의 그림을 수록한 것이 그 시작이었다. 스코틀랜드 화가인 콘스탄스 테일러Constance J. D. Tayler, 네덜란드인 화가 휴버트 보스Hubert Vos, 영국인 모험가이자 화가인 에밀리 켐프Emily G. Kemp, 미국인 화가 버사 럼Bertha Lum, 프랑스 화가 폴 자쿨레Paul Jacoulet, 미국인 화가 릴리안 밀러Lillian May Miller, 영국인 화가 엘리자베스 키스Elizabeth Keith 등이 한국을 방문하여 한국과 관련된 작품을 제작한 바 있다.

이 가운데 엘리자베스 키스는 특히 주목할 만하다. 위에 언급된 그 어느 화가보다도 한국을 담은 작품을 많이 남긴데다, 한국에 대한 기행문을 출간하기도 하였다. 키스는 이렇게 다양한 작품 활동을 통하여 일제강점기 한국과 한국인의 모습을 서구인의 시선으로 담아내었다. 그래서인지 한국에서도 엘리자베스 키스에 대한 관심은 각별하다. 키스의 한국 관련 저서들도 한국어로 번역이 되었고, 2006년에는 국립현대미술관이 〈푸른 눈에 비친 옛 한국, 엘리자베스 키스〉라는 제목으로 특별전을 열기도 하였다.

엘리자베스 키스(1887~1956)의 일본 이주와 등단

엘리자베스 키스는 1887년 4월 30일, 스코틀랜드 애버딘셔Aberdeenshire에서 세관원 집안의 다섯 자매 중 막내딸로 태어났다. 키스는 어릴 때 따로 전문적인 미술 교육을 받지는 않았고, 주로 수채화를 그렸던 것으로 보인다. 그러다 인생의 전환점이 되는 사건이 발생하는데, 1915년 키스의 둘째 언니인 엘스펫 Elspet와 형부 존 로버트슨 스콧John William Robertson Scott이 키스를 일본으로 초대하면서 키스는 생애 최초로 일본을 방문하게 되었다. 애초에 키스는 일본에 2개월만 머물고 귀국할 예정이었으나, 동양의 이국적인 분위기에 매료되어 9년간 일본에 머물렀다. 키스는 동아시아 각지를 여행하며 작품 활동을 하게 되었다.

아마추어 작가였던 키스가 화가로 정착하게 되기까지는 언론인이었던 형부 스콧의 역할이 컸다. 스콧은 1917년 일본에서 『신동양(新東洋, New East)』이라는 제목의 영자 신문을 출간하면서, 영국인 출신 언론인으로 명성을 쌓았다. 또한 민예운동 창시자로 유명한 야나기 무네요시柳宗悅 등 명사와도 교류하고 있었다. 스콧의 이러한 영향력 덕분에 키스는 아마추어 작가라는 신분에도 불구하고, 1917년 일본 귀족의 클럽인 화족회관華族會館에서 개인 전시회를 열 수 있었다. 〈내외 명사 만화 전람회〉라는 제목으로 연 전시회에는 키스가 그린 일본 국내외 명사들의 캐리커처가 전시되어 있었다. 그의 작품집인 『웃어 넘겨라(Grin and Bear It)』 역시 판매하였다. 캐리커처의 예술성에 대해서는 평가가 엇갈렸지만, 유명인을 풍자하는 게 아직은 파격적이었던 일본 사회에서는 서양 외교관과 일본의 유명 정치인을 다뤄 화제가 되었다. 또한 행사 자체가 1차 세계대전 부상자를 위한 기금 마련을 목적으로 한 자선 전시회였기 때문에 대중적으로는 큰 성공을 거둘 수 있었다.

첫 개인전을 통해 화가로서 성공적으로 데뷔한 키스는 1920년 5월, 키스가 일본에 온 후 전문적인 미술 교육을 도와준 영국인 화가 찰스 바틀렛Charles W. Bartlett, 러시아 조각가 엘리자베타 체레미시노바Elizaveta Petrovna Cheremisinova와 함께 도쿄 미츠코시三越 백화점에서 다시 한번 일본 여성 교육을 위한 자선 전시회를 열게 되었다. 당시 키스는 일본 홋카이도와 조선을 여행한 뒤 풍경을 묘사한 수채화를 전시하였는데, 예전에 바틀렛의 풍경화를 판화로 출판하여 바틀렛과 인연이 있었던 와타나베 쇼자부로渡辺庄三郎가 전시회에 왔다가 키스의 수채화를 보게 되었고, 즉시 키스에게 수채화를 판화로 인쇄할 것을 제안하였다. 당시 와타나베는 자신이 1915년 "신판화新板畵"라고 이름 붙인 목판화 유행을 주도하는 인물이었다. 기존의 풍속화인 우키요에浮世絵를 그대로 복각하여 파는 것보다 새로운 소재와 그림을 담은 판화 제작을 원했던 와타나베는 적극적으로 새로운 아티스트를 섭외하였고, 키스의 작품이 가지고 있는 가능성을 알아본 것이다. 그 덕분에 키스도 1920년대에 들어서는 채색목판화를 본격적으로 제작하게 되었다. 당시 일본에서는 신판화가 크게 유행하고 있었고, 영국과 미국에서도 목판화에 대한 관심이 증가하는 시기였는데, 때마침 키스는 아직은 생소하고 이국적이던 동양의 풍경을 사실적으로 담아내면서 해외에서도 호평을 얻기 시작하였다. 이러한 인기 덕에 키스는 일본, 조선뿐만 아니라 미국, 중국, 영국, 캐나다, 프랑스 등 세계 각지에서 단독 전시회를 개최할 수 있게 되었다.

모자(母子)
출처: 미국 오레건 대학교 조던 슈니첼 미술관 (Jordan Schnitzer Museum of Art, University of Oregan) 소장

이처럼 아마추어 화가였던 엘리자베스 키스가 일본 예술계에 생각보다 쉽게 등단한 뒤 일본인 주요 인사들과 교류하며 빠르게 예술적 성취를 이룬 데에는 키스가 가지고 있던 예술적 재능도 있겠지만, 당시 일본과 영국의 관계 역시 키스의 일본 화단 진출에 도움을 주었다. 영국은 1902년, 타국과의 동맹을 거부하던 "우아한 고립Splendid Isolation" 정책을 파기하고 일본과 동맹을 맺었다. 이후 러일전쟁에 동맹국으로서 지원을 제공하고, 1차 세계대전에서는 연합국으로서 함께 싸우면서 양국의 관계 역시 긴밀해졌다. 이 때문에 우방국이었던 영국에서 온 키스는 1차 대전 참전 연합국 간 문화 교류에 적극적으로 참여하는 한편, 자선 전시회 방식으로 일본인에게 우호적으로 접근하면서 상대적인 거부감을 줄일 수 있었다. 여기에 일본 내에

서는 당시 강대국이던 영국의 언어와 문화인 영어 및 수채화를 배우고자 하는 분위기가 형성되어 있었고, 키스가 일본식 목판화로 예술 활동을 하면서 일본 문화의 우수성을 서양인에게 인정받았다는 인상을 준 점 역시 긍정적으로 받아들여졌을 것으로 생각된다. 이와 같은 다양한 요소가 작용하면서 지구 반대편에서 온 아마추어 화가는 각계의 주목을 받는 예술가로 단기간에 성장할 수 있었다.

엘리자베스 키스와 한국

엘리자베스 키스는 일본에서 등단하고 일본에서 주로 활동을 하였지만, 이후 한국, 중국, 필리핀, 홍콩 등 동아시아 주변 지역을 여행하면서 아시아 지역의 다양한 생활상을 직접 보고 체험하고자 하였다. 키스는 1910년대 말과 1920년대에 걸쳐 아시아 일대를 여행하며 보고 들은 바를 1928년 『동양의 창(Eastern Window)』이라는 제목의 기행문으로 엮어 자신이 그린 삽화와 함께 출간하기도 하였다. 한국과 인연을 맺게 된 것 역시 1919년 3월, 언니인 엘스펫과 함께 처음으로 한국을 방문하여 석 달간 한국에 머물게 되면서였다. 1919년의 한국 여행은 1915년 일본에 정착한 이후 첫 해외여행이었던 것으로 보이는데, 키스가 방문한 시기는 한국에서 3.1 만세운동이 벌어진 직후였다. 키스 일행은 "한국을 더 알고 싶은 마음이 강했기 때문에" 한국인을 자주 접하고 한국 문화에 대한 이해가 깊은 서양인 선교사들과 감리교 의료 선교회관에서 지내게 되었다. 당시 서양인 선교사들은 1910년대 일제의 반기독교적인 정책과 한국인에 대한 강압적인 일본의 태도 때문에 한국인과 마찬가지로 일제 통치를 부정적으로 바라보았다. 이로 인해 3.1운동이 발생하였고, 기독교 교회와 학교의 한국인 신도 및 학생들 역시 이에 참여했다. 서양인 선교사들은 이를 지지하는 한편 한국인의 독립 의지와 일제의 만행을 세계에 알리는 데에도 적극적이었다.

키스 또한 한국에서 활동하던 서양인 선교사들과 체류 내내 긴밀한 관계를 유지하면서 3.1운동과 이에 대한 일제의 탄압, 그리고 전국적인 만세운동의 원인이 된 일제의 잔혹한 식민 통치에 대해 잘 파악하고 있었던 것으로 보인다. 1919년 한국을 방문했을 당시, 언니 엘스펫이 한국에 대한 인상과 견문을 정리한 글은 엘리자베스 키스가 그린 한국 관련 작품과 함께 엮여 1946년 『옛 한국(Old Korea)』이라는 이름의 책으로 출판되었다. 이 책에는 키스 일행이 감리교 선교회관에 머무르면서 일제가 한국인을 기독교인, 비기독교인 가리지 않고 투옥하며 고문한 이야기를 들으면서 "가슴 속에 불이 활활 타들어가는" 듯한 분노를 느꼈다는 이야기가 실리기도 하였다. 앞에서 살펴본 것처럼 엘리자베스 키스는 일본 미술계에서 빠르게 자리를 잡으며 성공하였기에 그를 지지하는 일본인 친구들도 많았고, 이러한 성공을 가져다준 일본에 대해서 키스와 엘스펫 모두 우호적으로 생각하고 있었다. 그래서였을까. 키스 일행이 한국 여행을 결정한 뒤에도 일본의 잔혹한 지배 때문에 한국인이 강하게 저항한다는 소문을 접했을 때, 그들은 "전달 과정에서 부풀려진 과장된 이야기" 정도로 생각했었다. 하지만 선교사들의 도움으로 서울뿐만 아니라 평양, 함흥, 원산, 금강산 등 한국 각지를 돌아본 키스 일행은 일제에 끌려가 고문을 당한 여성부터 독립청원서를 일제에 제출하다가 옥고를 치룬 김윤식까지 다양한 한국인을 만나면서 일본과 다른 고유의 문화와 역사를 지닌 한국에 대해 더 깊은 관심을 가지게 된 것으로 보인다.

이러한 경험 때문인지 엘리자베스 키스는 일제강점기 한국에서 두 차례나 단독 개인전을 열기도 하였다. 1921년 9월 20~22일에 서울 현 소공동에 있던 은행집회소에서 조선의 생활상을 담은 수채화와 판화를 전시하여 한국에서 첫 번째 단독 개인전을 열었다. 20일에는 초청장 소지자만 관람할 수 있는 비공개 전시로 진행되었고, 22일에는 일반 대중도 관람이 가능한 공개 전시로 진행되었다. 이후 1934년 2월 1~6일까지 서울의 미츠코시三越 백화점 5층에 있던 갤러리에서 역시 조선을 소재로 한 판화 개인전을 두 번째로 전시하였는데, 이 전시에 관해 보도한《조선일보》는 "영 여류 화가의 손으로 재현되는 조선의 향토색"이란 제목의 기사를 통해 키스가 파리, 런던, 뉴욕 등 서구권에서 활동하는 작가임을 강조하며 모두 "정비하고 우수한" 작품들로 평하였다. 서울에서 열린 엘리자베스 키스의 전시는 서울에 거주하던 외국인뿐만 아니라 한국인 관객들도 많이 찾아 성황을 이루었고, 관람객 사이에서도 한국과 동양의 정서를 잘 표현하였다는 찬사를 듣기도 하였다. 1936년 하와이 호놀룰루 미술관에서 전시를 개최하였을 때는 당시 하와이에 살던 한국인 교포들이 키스를 파티에 초대하여 키스의 한국 관련 작품들을 감상하기도 하였다.

엘리자베스 키스는 또한 국내 크리스마스 씰Seal 디자인에 참여하기도 했다. 국내에 크리스마스 씰이 처음 도입된 것은 1932년으로, 당시 황해도 해주에서 '해주구세요양원海州救世療養院'을 운영하며 결핵 퇴치에 힘쓰고 있던 미국 감리교 선교 의사 셔우드 홀Sherwood Hall이 결핵 퇴치를 위한 기금을 마련하고 결핵에 대한 경각심을 고취하고자 한국에 처음 도입하였다. 이후 1940년 홀 박사가 일제에 의해 추방되기 전 마지막으로 발행될 때까지 총 아홉 번의 크리스마스 씰이 발행되었는데, 엘리자베스 키스가 세 번(1934년, 1936년, 1940년)의 씰 디자인에 참여하였다. 키스를 제외하면 유일하게 두 차례 씰을 도안한 작가가 1937년, 1938년 두 차례 참여한 김기창 화백임을 생각하면, 키스의 조선 풍속화가 얼마나 널리 인정받았는지 알 수 있다. 키스는 세 번의 크리스마스 씰을 디자인할 때, 모두 한국인 아이를 도안에 넣었다. 또한 자신의 이름을 '기덕奇德'이란 한자식 이름으로 지어 낙관을 찍은 것에서 한국인에 대한 애정을 엿볼 수 있다.

엘리자베스 키스 작품 속 한국과 한국인

엘리자베스 키스의 수채화와 판화가 한국인들에게 유독 사랑받을 수 있었던 건 키스의 작품이 한국의 다양한 생활상과 전통적인 건축을 진솔하게 담아내고자 했기 때문이다. 개항기와 일제강점기 한국을 방문했던 서양인들이 만나는 한국인은 보통 통역, 짐꾼 그리고 외국인을 궁금해하는 중앙과 지방의 고위층 인사 등으로 한정되는 경우가 많았다. 하지만 키스는 다양한 계층의 한국인을 만나보고 싶어 했고, 실제로 시골의 양반이나 선비부터 농민, 저잣거리의 노인과 상인, 궁중의 음악가, 환관, 무관, 문관 등에 이르기까지 많은 사람을 적극적으로 만났고, 그들의 모습을 화폭에 담았다. 한국 여성들의 모습에 관심이 많았던 키스는 결혼식을 올리는 신부, 비구니, 아이를 돌보는 어머니들, 원산의 아낙

장기 두기(1921, 목판화)
출처: 미국 오레건 대학교 조던 슈니첼 미술관 (Jordan Schnitzer Museum of Art, University of Oregan) 소장

네, 굿을 하는 무당, 중산층 집의 바느질하는 여성, 양반 집안의 귀부인까지 각계
각층의 여성들을 만나며 그들의 모습을 관찰했다. 특히 혼례를 올린 신부가 입
었던 '녹원삼' 예복, 원산의 부인들이 입던 폭넓은 치마, 초대 프랑스 공사를 지
낸 민영찬의 딸이 하고 있던 산호 장식 등 이들 복색의 특징까지 잘 담아내었다.
여기에 서울 곳곳의 가게, 굿판, 아이들의 연날리기, 서당, 주막의 풍경까지 생동
감 있게 표현하여 당시 한국의 풍속을 솔직하고 가감 없이 보여 주었다.
　이와 더불어 인물을 매우 사실적으로 표현한 점 역시 키스가 그린 풍속화

의 강점이었다. 앞서 언급한 것처럼 개항기와 일제강점기에 한국을 방문하여 한국인을 표현한 작가는 엘리자베스 키스 외에도 릴리안 밀러, 폴 자클레 등이 있었다. 그런데 이들의 작품 속에 표현된 한국인의 얼굴은 단순화되어 개인의 개성이 드러나지 않거나, 사실상 서양인의 모습을 한 채 복식만 한국인임을 표현하는 작품이 많았고, 심지어는 이마저도 일본풍인 경우가 많았다. 하지만 키스의 작품 속에 있는 인물들은 모두 개성이 살아있음을 알 수 있다. 전통 혼례에서 술과 음식을 즐길 수 있는 신랑과 달리 얌전히 앉아있어야 하는 신부의 얼굴에는 걱정과 근심이 어려 있었고, 3.1운동으로 옥고를 치르고 나온 여인의 얼굴에서는 당당함이 드러났고, 구금에서 풀려나 죽음을 앞두고 있던 김윤식의 얼굴에서는 엄청난 피로가 느껴졌다. 이렇게 키스는 각 개인의 개성을 살려 생동감 넘치게 인물을 표현하였다.

키스의 조선 관련 작품은 한국인에 초점을 맞추는 데만 그치지 않고, 한국의 풍경을 아름답게 구현하며 많은 이들의 시선을 사로잡았다. 한국을 방문하였을 때 키스는 자신이 체류하던 서울뿐만 아니라, 평양, 금강산, 원산 등지에서 본 전통 건축과 풍광을 수채화와 목판화로 만들었다. 특히 "달빛 아래 서울 동대문"은 1920년 도쿄 전시회 당시 수채화로 전시되었는데, 전시회에 참석했던 와타나베 쇼자부로가 이를 채색목판화로 출판하여 판매할 것을 강력하게 권했다. 실제로 이 작품은 상업적으로 대성공을 거두면서 키스가 예술가로서 인정받고 자리 잡게 해준 작품이기도 하다. "원산"과 "안개 낀 아침"에서는 "내가 아무리 이야기해도 원산의 아름다움을 다 이야기할 수는 없을 것 같다"라는 말과 함께 아름다운 풍광을 놓치지 않고 담으려 노력하였고, 건축을 잘 아는 일본

달빛 아래 서울의 동대문 (1920, 목판화)
출처: 미국 오레건 대학교 조던 슈니첼 미술관 (Jordan Schnitzer Museum of Art, University of Oregan) 소장

인에게 "한국 지붕의 선은 중국이나 일본 것과 다르고 독특한데, 당신은 그것을
아주 잘 보여준다"라는 칭찬을 들은 것을 자랑스럽게 여길 정도로 서울 흥인지
문, 평양 대동문, 평양 연광정, 수원 화성 화홍문 등 한국 전통 건축물을 세밀하
게 잘 표현하였다. 엘리자베스 키스가 한국을 방문한 시기에 한국인은 일본의
폭정에 시달리고 있었고, 일제의 탄압을 피하고자 많은 교민이 중국, 미국, 연
해주로 이주하던 때였다. 일제가 한국 문화의 가치를 부정하고 말살하려던 상
황에서, 한국 전통의 미에 주목하고 이를 예술 작품으로 구현하려 한 키스의 존

재는 그 누구보다 반갑게 느껴졌을 것이다. 하와이 등 세계 각지에 흩어져 있던 교민들은 키스가 작품에 담은 한국의 아름다운 풍경을 바라보면서 고국을 떠올리며 추억을 회상했을 것이다.

제국주의 시대 한국을 따뜻한 눈으로 바라본 관찰자

물론 엘리자베스 키스가 타자의 시선에서 한국을 바라본다는 한계 역시 충분히 지적될 수 있다. 키스의 출신지인 영국은 제국주의가 가장 발달한 국가였으며, 1902년 영일동맹, 1905년 영일동맹 개정과 한국의 보호국화 인정, 1910년 한일병합 인정 등 동북아시아의 전략적 파트너였던 일본의 한국 식민 지배를 도운 국가이기도 하다. 특히 키스가 일본의 목판화 기법을 도입한 작품 활동으로 일본과 해외의 찬사를 얻었던 화가이기에, 일본의 전통 방식을 통해 한국의 미를 구현하는 방식 역시 일제 입장에선 긍정적이었다. 실제로 키스가 한국을 방문하였을 당시, 하세가와 요시미치長谷川好道 총독은 키스가 작품 활동을 하는 데 어려움이 없도록 편의를 제공하기도 하였으며, 한국에서의 첫 전시회 역시 사이토 마코토齋藤實 총독의 부인이 직접 관람하고, 조선총독부의 기관지 역할을 하던 《매일신보》가 적극적으로 홍보하기도 하였다. 또한 키스는 당시 교류하던 야나가 무네요시처럼, 한국인의 전통과 미를 방관자의 시각에서 측은함과 동정심을 바탕으로 바라보는 것일 수도 있다.

그럼에도 불구하고, 키스가 한국과 한국인을 묘사하는 방식은 개항기와 일제강점기에 한국을 방문한 어느 다른 서양인과도 다른 것이다. 당시 한국을 방문한 이들 가운데에는 한국을 서구 문명과는 완전히 다른 야만으로 타자화하면서 빈민의 더러운 모습을 강조하거나, 가슴을 드러낸 여성을 관음증적으로 그려내고 이를 신비화하는 방식으로 묘사한 이들 역시 다수 있었다. 이처럼 비문명의 존재로 묘사된 한국인의 이미지는 "문명화"된 일본의 식민 지배를 정당화하는 데 쓰이고 있었다. 하지만 키스의 접근 방식은 그의 태생적 한계에도 불구하고, 이와는 거리가 먼 인간적인 면모를 드러낸다. 키스는 한국의 풍속과 자연에 매료되는 데서 그치지 않고, 피사체가 되는 한국인에게 더욱 적극적으로 다가가 인물의 이야기와 배경을 작품 속에 담으려 했다. 『옛 한국』에서는 엘스펫의 글을 통해 책에 담긴 인물들과 풍경을 설명함으로써 당시 키스가 가지고 있던 한국에 대한 애정과 3.1운동 직후 핍박받은 이들에 대한 연민을 활자로 강조하기도 하였다. 일제강점기 한국과 한국인을 담아낸 키스의 작품들은 당시 일제 치하에서 존재 자체를 위협받던 한국 문화의 가치를 외국인의 시선으로 보여주고, 이를 통해 당시 한국과 한국인의 모습을 입체적이면서 다각적으로 이해할 수 있도록 그려냈다는 점에서 그 역사적 가치가 높다고 할 수 있을 것이다.

8

쌍천 이영춘
농민 보건 향상에 힘쓴 농민의 성자

박성호 | 원광대 인문학연구소 HK연구교수

2019년 11월에 처음으로 발생한 코로나바이러스는 2020년 1월부터 전 세계로 퍼지기 시작했다. 코로나19는 이후 수많은 확진자와 사망자를 기록했다. 위드코로나에 접어들었지만, 집단별로 코로나의 영향의 정도가 상이하여 일상 회복의 정도에도 차이가 발생하는 실정이다. 특히 취약계층은 일반 국민에 비해 코로나로 인해 더 큰 피해를 보는 상황이다. 이러한 상황을 극복하기 위해서는 '법고창신法古創新'의 정신이 필요하다.

'법고창신'이란 박지원朴趾源(1737~1805)이 설파한 말로 "옛것을 본받아 새로운 것을 창조한다"라는 뜻을 지닌다. 다소 엉뚱하다고 생각할 수 있지만, 위기의 순간에 옛것을 확인하고 미래를 도모하는 일은 매우 중요하다. 특히 코로나19가 장기화되면서 취약계층을 비롯한 국민 모두가 코로나 이전의 일상으로 돌아갈 수 있는 방안을 수립해야 하는 상황에는 더욱 그렇다. 이에 본 글에서는 의료 혜택을 받지 못했던 농민을 위해 농촌에서 보건 향상에 힘썼던 쌍천雙泉 이영춘李永春의 삶을 조망함으로써, 현시대에서 일상회복을 위해서는 어떤 방향으로 나아가야 할지를 살펴보고자 한다.

타인을 향한 발걸음

이영춘은 1903년 평안남도 용강군 귀성면 대령리에서 아버지 이종현과 어머니 김아옥의 5남 1녀 중 막내로 출생하였다. 이영춘의 아버지인 이종현은 1884년 동학에 정식으로 입문하여 교리에 어긋나지 않는 삶을 살기 위해 노력한 인물이다. 그는 동학농민혁명 농민군으로 활동하였으나, 동학농민군이 일본군과 관군에 의해 궤멸되면서 평범한 농민의 길을 선택한다. 당시 동학농민혁명 가담자와 그 가족들은 색출되어 참살 당하거나 징벌을 받았기 때문이다. 그는 아내와 자식을 위해 본래 이름인 이시현 대신 이종현으로 이름을 바꾸고, 고향을 떠나 대령리로 솔가하여 평범한 농사꾼의 삶을 선택한다.

이종현이 고향을 떠난 지 5년째 되던 해인 1900년, 고향 사람이 찾아와 예전처럼 자신들을 이끌어달라고 요청해 왔다. 그러나 이종현은 그들의 요청을 거절하고 평범한 농사꾼의 삶을 고집했다. 그는 각자가 자식을 잘 교육하면서 앞날을 기약하는 게 맞다고 판단했기 때문이다. 이러한 이종현의 고집 덕분에 이영춘이 태어날 수 있었다. 늦둥이로 태어난 이영춘은 몸이 허약한 편이었다. 그런 이영춘을 보고 이웃들은 아이의 장래가 불운할 것이라 이야기하기도 했다. 하지만 이영춘은 이웃의 걱정과는 달리 잘 성장했을 뿐만 아니라, 뜻밖의 예언까지도 듣는다.

> 많은 중생을 살리겠구먼. 이름이 영춘이라. 잘 키우시오. 애가 커서 보살의 길을 걷겠구먼. 잊지마시오. 여생을 자식들 뒷바라지 잘하고 큰일을 하는 사람들 뒷바라지 하는 게 처사님의 갈 길이오. 자식들이, 특히 영춘이 톡톡히 그 보답을 하리다.

이종현의 집에 이틀간 머물렀던 무영無影 스님이 집을 나설 때, 지긋한 눈으로 이영춘을 바라보며 한 말이다. 그래서였을까. 이영춘의 발걸음은 언제나 타인의 삶에 영향을 미치는 쪽으로 향했다.

훈도에서 의사로 선회하다

이영춘은 두 형과 마찬가지로 평양고등보통학교에 사범과에 진학했다. 집안 형편으로 뒤늦게 평양고등보통학교에 진학한 이영춘은 와타나베 도웅 선생과 인연을 맺는다. 와타나베 도웅은 조선인 학생들에게 존경 받던 인물로, 조선 학생을 가르치면서도 민족적 차별을 하지 않았다. 또한 그는 조선인 학생에게 편견을 갖고 있지 않았으며, 일본 군국주의에 비판적인 태도를 취하는 지성인이기도 했다. 이영춘은 와타나베 도웅 선생님과 대화하면서 교육을 통해 새로운 시대를 맞을 수 있음을 다시 한번 깨우친다.

평양고등보통학교에서 사범과 1년을 수료한 이영춘은 평안남도 성천군 별창보통학교로 발령받는다. 첫 부임지인 별창보통학교에서 젊은 훈도로서 열성을 다해 학생을 가르쳤던 이영춘은 대구보통학교로 전근 발령을 받는다. 이때 이영춘은 고향에서는 눈에 익어 크게 의식되지 않았던 농민들의 열악한 환경을 목도한다. 고향에 비해 더운 지방이어서인지, 아니면 생활 습관이 달라서 인지는 모르겠으나, 대구의 농촌 환경은 열악했다. 전염병이 자주 발생하는 여름에는 질병에 의해 결석하는 학생이 많아졌다. 심지어는 이질로 인해 목숨을 잃는 학생도 있었다. 이러한 사실에 이영춘은 상당히 큰 충격을 받았다. 이후 이영춘은 학생들에게 주변을 깨끗이 하고 몸도 깨끗하게 잘 관리하라고 당부하였다.

생활이 안정되어 갈 무렵, 이영춘에게 고난이 찾아온다. 습성늑막염에 걸려 훈도생활을 쉬면서 장기간 요양을 해야 했다. 그는 학교에 사표를 제출하고 넷째 형 이영기가 있는 황해도 신막으로 가서 석 달 동안 치료를 받았다. 그때 이영춘은 의사라는 직업에 대해 새롭게 인식하게 된다. 의사의 한마디에 사람들의 마음가짐이 달라지는 모습을 보며, 의사도 훈도와 마찬가지로 다른 사람을 위해 일하는 것이라는 이치를 깨닫는다. 이영춘은 넷째 형의 재정적 지원으로 세브란스의학전문학교에 입학하게 된다.

기로에 놓이다

이영춘은 세브란스의학전문학교에
수석으로 입학했다. 이후 그는 훈도에서
의사의 길로 접어든 것만큼이나 큰 변화
를 겪는다. 바로 결혼이다. 1학년 때 결
혼한 친구에게 초대를 받아 그 집에 방
문했는데, 그때 친구의 부인에게 소개받
은 김순기를 만나게 된다. 이때의 인연
이 지속되어 세브란스의학전문대학 3학
년에 재학하던 스물 셋의 이영춘은 혜화
공립보통학교 훈도인 동갑내기 김순기
와 결혼했다. 결혼 후 이영춘은 매사에

이영춘
출처: 연세대학교 의과대학 동은의학박물관

지치는 법 없이 건강하게 학업에 열중할 수 있었다. 세브란스의학전문대학을
졸업하기 두 달 전인 1929년 1월 5일에는 첫딸 계선을 얻었다.

졸업을 앞두고 생리학교실의 조수인 김명선은 이영춘에게 자신의 일을 도
와달라고 요청한다. 김명선의 배려로 이영춘은 졸업과 동시에 생리학교실에 남
게 된다. 이후 생리학교실의 정식 조수가 되어 바쁘지만 보람찬 시간을 보낸다.
생리학교실의 조수로 재직했던 1년 동안 의학지에 논문 여덟 편을 발표할 정도
로 말이다. 이영춘은 연구와 실험에 몰두하며 기초 의학을 연구하는 의학자로
서 활동하기 시작했다. 젊은 의학자로 의학계에 이름이 알려지기 시작한 1930

년 4월에는 아들 주수를 낳았다. 그는 두 아이의 아버지로서, 젊은 의학자로서 사명감을 가지고 생활했다.

이 시기에 아버지 이종현이 찾아왔다. 아버지 이종현은 이영춘에게 의사가 되었으니 개업을 해서 형에게 받은 은혜를 갚으며 형제의 의리와 사람의 도리를 지키라고 당부하였다. 사실 이영춘은 그 빚을 잊은 것은 아니었으나, 뾰족한 수가 생각나지 않아 미뤄둔 채 자신의 연구에만 몰두하고 있었다. 그런 자신이 부끄러웠던 이영춘은 깊은 고민에 빠진다. 병원을 개업해서 부모와 식구를 부양하는 것이 도리이며 의리이나, 의학도로서의 삶을 살고 싶었기 때문이다. 또한 조금만 더 시간이 흐르면 자신이 그토록 선망하던 교수가 될 수 있는 상황이기도 했다. 기로에 놓인 이영춘은 고민에 고민을 거듭한 끝에 학교에 사직 의사를 밝힌다.

공의 생활을 하며 목도한 농촌의 보건 현실

세브란스의전을 사직하고 이영춘은 해주로 내려가 개업할 곳을 물색했다. 한두 달 정도 상황을 지켜보려는 요량으로 일본 유학을 가는 의사의 허름한 병원을 임시로 빌려 개업했다. 하지만 개업 후 상황은 나아지지 않았다. 이에 아버지 이종현과 넷째 형 이영기와 논의를 한 이영춘은 공의公醫를 신청하기로 결정한다. 공의가 되어 근무하면 기본적으로 월 80만 원의 보수를 받을 수 있었기 때문이다. 또한 공의로 근무하게 되면, 떨어져 지내던 아내와도 함께 지낼 수 있었다. 이영춘은 공의가 되기로 결정하면서 가족의 문제와 경제적인 문제를 동시에 해결할 수 있었다.

이영춘은 황해도 평산온천 지방 공의로 부임하게 된다. 그가 병원을 차린 곳은 평산에서 이십여 리 떨어져 있는 가난한 조선의 벽촌이었다. 병원이라고는 하지만 초가 한 채를 빌려 한 칸을 진료소로 개조하고 가족이 함께 사는 병원과 집을 겸한 곳이었다. 이영춘은 공의로서 생활하기 전에 아내에게 공의를 하는 3년 동안에는 부모님과 맏형의 가족을 위해 살겠다는 속마음을 전달했다. 이 말은 들은 아내는 남편의 성장 과정을 잘 알고 있었기에 흔쾌히 동의했다. 이뿐만 아니라, 공의 봉급 80만 원을 모두 본가로 보내고 자신의 훈도 월급과 치료비로 생활하자고 말했다.

이영춘과 아내 김순기는 따뜻한 마음으로 서로를 위하며 행복한 시간을 보냈다. 아내가 학교에 출근하면 이영춘은 가난한 농촌 사람을 돌봤다. 곤궁한 농촌 사람들은 치료비를 제대로 낼 수 없어 병원을 오지 못하거나, 진료를 기피했다. 이러한 사실을 누구보다 잘 알고 있는 이영춘은 치료비에 연연하지 않고 환자를 너그러이 보살폈다. "의사는 병을 고치는 것이 임무이지 돈을 버는 것이 임무가 아니다"라는 사실을 의전에 다닐 때부터 마음 깊이 새겼던 그이기 때문에 가능했다. 덕분에 환자가 늘어났지만, 치료비를 많이 받지 못해 형편은 나아지지 않았다. 그럼에도 이영춘은 언제나 연구하고 탐구하는 자세로 환자를 돌보며 병상일지를 기록했다.

이영춘에게 평산에서의 생활은 질병과 위생에 대한 무지가 얼마나 큰 불행으로 다가오는지를 일깨워 주었다. 당시 농촌의 보건 위생 상태는 최악이었다. 평산의 열악한 보건 위생 환경에 깊은 연민을 느낄 때마다 이영춘은 세브란스의학전문학교 에비슨 교장이 졸업사에서 언급했던 "병들어 고통받는 사람들을 치료하는 것도 중요하지만 그보다 더 중요한 사업은 병이 발생하지 않도록 예방하는 것"이라는 말을 떠올렸다. 더욱이 농촌 사람들이 자신의 무지와 비위생적인 생활 습관으로 인해 고통을 받는다는 것조차 모른다는 사실이 그에게는 무거운 짐으로 다가왔다.

병리학 교실로 돌아가다

공의 생활을 통해 이영춘은 농촌 사람들의 신뢰를 받았지만, 몸은 고달파졌다. 그때 차남 주철이 태어나 다섯 식구의 가장이 되었다. 농촌 사람만 돌보는 데 온 신경을 기울이던 이영춘으로 인해 아내는 힘든 시간을 보냈다. 치료비를 내지 않는 환자는 아내의 생활을 더욱 힘들게 했다. 그럼에도 이영춘은 치료비로 인해 병원을 찾지 않은 사람들이 목숨을 잃을까 봐 치료비를 요구하지 않았다. 오히려 농촌 사람의 무지와 열악한 환경에서 구제해 줄 방법을 고민하는 데 마음을 더 썼다.

그러던 어느 날, 이영춘은 편지 한 통을 받았다. 경성 세프란스의학전문학교에 조수로 재직 중인 동기동창 최재유가 보내온 편지였다. 편지에는 병리학 교실에 조수 자리가 하나 비었으니 뜻이 있으면 답장을 달라고 적혀 있었다. 이영춘은 고민했지만 3년 동안 부모님과 형님을 위해 도리를 다했으니, 이제 후회

하지 말고 결단을 내리라는 아내의 말에 힘을 얻어 병리학 교실에 돌아가기로 결심한다. 아버지와 만형도 그간 고생했다며 이영춘을 격려해 주었고, 덕분이 이영춘은 아무런 부담 없이 마음껏 공부할 수 있게 되었다.

이영춘은 3년 동안 공백이 무색할 만큼, 병리학 교실 조수 생활에 금방 적응했다. 또한 3년 동안 평산에서 환자를 돌본 경험도 그에게 큰 도움이 되었다. 그 스스로도 3년 전의 모습보다 더 어엿한 의사로, 의학자로 성장했음을 느낄 수 있을 정도였다. 그는 학생에게 현장 경험을 토대로 이론과 실감 차원에서 지도하면서 실험의 중요성을 강조했다. 이영춘은 인생에서 불필요한 경험이 없다는 것을 깨달았다.

그러던 어느 날, 이영춘은 와타나베 선생으로부터 저녁 식사 초대를 받았다. 오랜만에 만난 와타나베 선생은 이영춘을 보며 망설이다가 입을 열었다. 와타나베 선생은 자신과 친분이 있는 일본인 선배가 조선에서 대규모 농장을 경영하고 있는데, 성실한 의사 한 사람을 추천해달라는 부탁을 받았다고 말했다. 이영춘은 와타나베 선생이 자신에게 이 이야기를 털어놓은 이유를 바로 알아차렸다. 이영춘은 와타나베 선생과 이야기를 나누며, 그 선배가 왜 농장 전속 의사를 찾는지 물었다. 와타나베 선생은 그 선배는 소와 돼지의 증식을 위해서는 의사를 두면서, 사람에 대해서는 두지 않은 것이 지주로서 부끄럽고 미안하다는 생각이 들어 의사를 찾는다고 답했다. 이영춘은 와타나베 선생에게 고민할 시간을 달라고 말한 후, 고민에 고민을 거듭한 끝에 결단을 내렸다.

구마모토와의 만남

　이영춘은 대규모 농장으로 가겠다는 뜻을 와타나베 선생에게 밝혔다. 와타나베는 이영춘에게 정중하게 감사를 표시하며 농장의 이름을 밝혔다. 그곳은 전라북도 옥구군 개정면에 있는 구마모토(웅본) 농장이었다. 구마모토 농장은 군산에서 가장 큰 규모로 구마모토 리헤이가 운영했다. 구마모토는 게이오대학에 재학 중이던 23세 때, 〈한국 농업은 전도가 유망하다〉라는 글을 오사카아사이신문에 기고했었다. 이 글을 본 신문사 사장 모토야마가 크게 감명을 받아 후원하여, 구마모토는 토지 매수를 시작했다. 구마모토 농장은 회계업무를 보는 경리부, 농사와 소작인 관리를 전담하는 사업부, 소작인의 무료 진료를 담당하는 진료부를 둔 곳이었다.

　구마모토는 와타나베 선생과 연락하여 일본에서 이영춘을 만났다. 그는 이영춘에게 자신의 농장에 모시게 되어 영광이라는 뜻을 밝혔다. 이영춘은 구마모토와 대화를 할수록 일본의 대 실업가답지 않게 정중하고 겸손하다는 것을 느꼈다. 구마모토는 이영춘에게 자신의 농장 의사로 오게 된 계기를 물었다. 이영춘은 의사로서의 뜻이 나와 남이 함께 행복하고 고통 받는 사람들을 고통에서 벗어나게 하는 것에 있다고 답했다. 이어 그는 구마모토 선생님이 농장 경영을 위해 의사를 구하는 것을 알지만 조선인, 그리고 농민이 질병의 고통에서 벗어날 수 있게 돕는 것이 자신의 뜻과 같다는 말도 덧붙였다.

　사실 구마모토가 농장 주치의를 초빙한 것은 인도주의적인 측면을 내세우고 있지만, 이영춘의 말처럼 농장의 효율적인 경영을 위한 것이었다. 그럼에도 의사를 데려온다는 획기적인 방법은 구마모토의 탁월성이 잘 드러난 부분이다. 이영춘은 구마모토와 대화를 하며 한 가지 제안을 했다. 만약 자신이 5년 이상 근무를 하게 된다면, 연구소를 지어달라는 제안이었다. 이영춘은 조선 농민의 보건과 위생을 위해 평생을 바치기로 마음먹었다고 밝히며, 장기적으로 보건과 위생을 연구할 수 있는 연구소를 세워달라고 요청했다. 구마모토는 흔쾌히 그 제안을 받아들였다. 둘은 서로 만족해하며 인사를 나눴다.

자혜진료소 정착과 의학 박사학위 취득, 그리고 사별

1935년 4월 1일, 이영춘은 구마모토와 약속한 날짜에 개정에 도착했다. 구마모토 농장에 도착하자, 공터에는 많은 사람이 진료를 받기 위해 모여 있었다. 농장의 총지배인인 시바야마는 영춘을 맞이하며 그를 자혜진료소로 안내했다. 이영춘은 바로 가운을 입고 진료를 시작했다. 이영춘의 원활한 진료를 위해 채규병이 진료소 조수 노릇을 했다. 이영춘의 진료 덕분에 구마모토 농장의 농민들은 건강을 되찾았다.

농장에서 진료를 보던 이영춘은 윤일선 교수로부터 박사 학위를 취득하였다는 연락을 받는다. 사실 이영춘은 개정으로 돌아오기 전, 지도교수인 윤일선 교수로부터 지금까지 연구한 결과를 정리해서 논문으로 작성해놓으라는 말을 듣고 「니코틴의 성호르몬에 미치는 영향에 관한 연구」라는 논문과 부논문 5편도 영역하여 제출했다. 조선인 지도교수 밑에서 학위를 받은 경우가 한 번도 없

이영춘 가옥
출처: 필자 촬영

었기에 기대를 하고 있지 않았는데, 경도제국대학에 제출한 논문이 의학 박사 학위논문으로 통과된 것이다. 그렇게 이영춘은 조선인 지도교수 밑에서 탄생한 조선인 의학박사 제1호라는 영광을 누렸다. 3개월여 만에 경성으로 돌아온 이영춘은 많은 이들에게 축하를 받았다.

다시 진료소 생활로 돌아온 이영춘은 계획을 세우고 추진해 나갔다. 그는 먼저 농촌 위생과 학교 위생, 그리고 보건부(보건 요원) 설치라는 큰 틀을 잡고 세부적으로 계획을 추진했다. 그렇게 이영춘에게 밝은 미래만 있을 것 같았는데, 아내 김순기가 세상을 떠나고 만다. 어려운 시절 이영춘을 위해 희생하며 지원을 아끼지 않고 갖은 고생을 한 아내가 허무하게 떠나자, 이영춘은 엄청난 슬픔에 잠긴다. 자신의 삶에 가장 큰 부분을 차지하고 있던 아내가 세상을 떠났지만, 남아 있는 다섯 명의 어린 자식을 생각하며 마음을 다잡았다. 이 소식을 들은 구마모토는 이영춘에게 개정으로 와서 아내 김순기의 장례를 잘 치를 수 있도록 도와주었다.

민족을 망치는 세 가지 독한 병의 예방과 퇴치

이영춘은 슬퍼할 겨를도 없이 자식과 환자를 돌보았다. 그럼에도 아내가 없다는 현실은 이영춘을 괴롭게 했다. 그는 이 상황을 돌파해야 할 필요성을 느꼈다. 이에 이영춘은 인도네시아 자바 섬에서 열리는 "동양농촌위생회의"에 참석하기로 한다. 이는 평소에도 구마모토가 신진 학문에 낙후되어서는 안 된다고 말하며 이영춘을 학회에 참여하도록 했기에 가능했던 일이다. 구마모토가 여비를 다 지원한 덕분에 이영춘은 "동양농촌위생회의"에 참석하게 된다.

이영춘은 회의에 참석하여 각국의 보건 현황과 의료보건 향상에 대해 학습할 수 있었다. 이후 이영춘에게도 많은 변화가 찾아왔다. 아버지 이종현이 세상을 떠났으며, 아내 김순기의 절친한 친구의 동생인 김순덕을 새 아내로 맞이했다. 이영춘의 집안 사정을 잘 알고 있던 새 아내 김순덕 덕분에 이영춘은 진

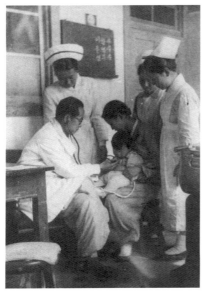

진료하는 이영춘
출처: 군산시청

료와 연구에 몰두할 수 있었다. 이영춘은 개정에서 일주일에 다섯 번 진료하고 대야, 화호, 상관, 지경은 장날을 이용해 순회 진료를 했다. 덕분에 농민들은 의료비가 비싸서 진료받을 수 없었던 과거와 달리, 무료로 진료를 받을 수 있었다. 구마모토 농장의 소작인은 자신이 받는 진료를 특별한 대우로 여기며 진심으로 고마워했다.

나아가 이영춘은 '민족을 망치는 세 가지 독한 병'을 기생충, 결핵, 매독이라고 판단하고, 예방하고 퇴치하는 일에 힘썼다. 이영춘은 세 가지 병의 위험성과 예방법을 알리기 위해 노력했다. 그러나 질병에 대한 무지는 쉽게 바뀌지 않았다. 이영춘은 고심 끝에 어린 학생을 대상으로 계몽하는 게 적합하다는 결론을 내렸다. 이에 개정보통학교 교의가 되어 어린 학생들의 생각과 습관을 바꾸기 시작했다.

흉년이 전국을 휩쓸었을 당시, 이영춘은 구마모토를 찾아가 몇 가지 사안을 논의했다. 먼저 혼자서 진료를 보니, 진료를 기다리다 병이 심해지거나 사망하는 환자가 발생한다고 말했다. 이 문제를 해결하기 위해 의사를 초빙해달라고 요청했다. 다음으로 흉년으로 밥을 먹지 못하는 학생을 위해 도정 중의 부산물을 굶주린 아이들이 먹을 수 있게 해달라고 말했다. 구마모토는 이영춘의 제안을 흔쾌히 수락했다. 그뿐만 아니라, 이영춘을 통해 학생들의 보건 위생의 중요성을 알게된 구마모토는 개정보통학교, 대야보통학교, 화호보통학교에 위생실 건물을 지어 주었다. 위생실 건물이 생기자 자연스럽게 양호교사도 채용되었다.

농촌위생연구소 설립을 시작으로 농민 보건 향상에 힘쓰다

이영춘은 농장이 개장된 지 40년이 되던 1942년, 구마모토에게 6년 전 개정으로 내려올 때 약속했던 연구소 설립을 요구한다. 하지만 대동아전쟁으로 인해 사업수익의 8할이 세금으로 징수되는 상황이라서 연구소를 설립하기가 어렵다는 답변을 듣는다. 이에 이영춘은 사임을 표하지만, 구마모토가 진료소를 폐쇄하겠다는 말에 한 발 뒤로 물러나 타협점을 찾는다. 이영춘은 연구소 설립의 계획이 멀어졌지만, 꿈을 포기하지 않고 사업계획을 더욱 구체화했다.

그렇게 시간은 속절없이 흘렀고 1945년 8월 18일, 해방을 맞이한다. 해방을 맞이하면서 구마모토 농장에도 큰 변화가 찾아왔다. 이영춘은 해방된 조국에서 어떤 선택을 내려야 할지 판단하기 힘들었다. 구마모토는 조선을 떠나기 전 이영춘과 대화를 나눴다. 그는 이영춘을 만난 후, 일본인 농장주가 아닌 한 인간으로서 조선에 대한 생각을 많이 바꾸었다고 고백했다. 이영춘과 구마모토는 작별 인사를 나누며 눈시울을 붉혔다.

구마모토가 떠난 농장은 고요했다. 이영춘은 그때까지도 확실한 판단을 하지 못한 채 고민에 잠겼다. 그때 농장 직원이 찾아와 자신들이 '웅본농장자치회'를 결성하였으니, 그 위원회의 위원장직을 이영춘이 맡아줬으면 좋겠다고 청했다. 그들은 진료소가 그대로 유지되기를 간절히 바랐다. 농장 직원이 떠난 후, 고민에 고민을 거듭한 이영춘은 진료소를 원래대로 열고, 그와 동시에 위원장직을 받아들이기로 결정했다. 또한 이곳에 남아 농촌 위생과 보건을 책임질 농촌위생연구소를 열기로 다시 한 번 다짐했다.

이영춘은 자신의 다짐을 실현하기 위해 백방으로 노력했다. 그 결과 1948년 7월 1일, 자신의 오랜 숙원인 농촌위생연구소를 설립하게 된다. 이후 다른 부설 진료기관과 합병하여 농촌사회와 농민생활 전반에 대한 조사연구도 병행한다. 또한 그는 농어촌 지역 주민의 교육과 보건 요원을 확보해야 한다는 필요성을 느끼고, 1951년에 개정간호학교를 설립한다. 뒤이어 1952년에는 화호여자중학교, 1961년에는 화호여자고등학교를 설립한다. 1957년에는 농촌위생원 구내에 일심영아원을 설립하고, 1965년에는 일맥영아원을 설립하여 버림받거나 의지할 곳이 없는 영아를 양육하고 보호하는 일에 힘썼다.

지병이었던 천식이 나빠지면서, 1980년 11월 25일 별세하기 이전까지 이영춘은 농민 보건 향상에 온 힘을 다했다. 그는 명성을 얻은 후 개업을 해서 안정적인 생활을 누릴 수 있었지만, 사회적 약자를 위해 평탄한 길을 뿌리쳤다. 또한 이영춘은 조선인 지도교수 밑에서 학위를 받은 조선인 의학박사 제1호였음에도, 학자로서의 길을 포기하고 농촌의 의료 발전을 위해 묵묵히 살아왔다. 이러한 측면에서 그는 예방의학의 선구자임과 동시에 공중보건의 개척자임에 틀림없다. 현재 우리가 처한 위기를 극복하기 위해서는 그가 추구했던 신념의 방향을 다시 한번 기억하고 확인할 필요가 있다.

| 참고문헌 |

1부_ 만남 meeting

1. 쑨원과 신규식 | 민주공화정을 꿈꾸다

金俊燁 編,『石麟 閔弼鎬傳』, 나남, 1995

강영심,『신규식-시대를 앞서간 민족혁명의 선각자』, 역사공간, 2010

강영심,「신규식의 생애와 독립운동」,『한국독립운동사연구』1, 한국독립운동사연구소,
        1987

裵京漢,「孫文과 上海韓國臨時政府- 申圭植의 廣州訪問(1921년 9~10월)과 廣東護法
        政府의 韓國臨時政府 承認問題를 중심으로」,『동양사학연구』56, 동양사학회,
        1996

김희곤,「신규식의 대한민국임시정부 외교활동」,『중원문화연구』13, 중원문화연구소,
        2010

2 김교신과 우치무라 간조 | 두 개의 J를 두 개의 C로 바꿔쓰기

박경미 외,『서구 기독교의 주체적 수용: 유영모 김교신 함석헌을 중심으로』, 이화여자
        대학교 출판부, 2006

백소영『버리지마라 생명이다: 다시, 김교신을 만나다』, 꽃자리, 2016

백소영『우리의 사랑이 의롭기 위하여』, 대한기독교서회, 2005

3. 맥아더와 히로히토 | 아시아·태평양전쟁 후 동북아의 판도를 바꾸다

粟屋憲太郎, 『東京裁判論』, 大月書店, 1989

工藤美代子, 『マッカーサー伝説』, 恒文社21, 2001

袖井林二郎, 『拝啓マッカーサー元帥様: 占領下の日本人の手紙』, 岩波現代文庫, 2002

豊下楢彦, 『昭和天皇・マッカーサー会見』, 岩波現代文庫, 2008

박진우, 「일본의 패전과 천황의 전쟁 책임」, 『동북아역사논총』 50, 동북아시아역사재단, 2015

주은우, 「점령 초기 쇼와 천황의 시각적 변신 – 맥아더 방문과 '인간선언', 그리고 사진」, 『사회와 역사』 112, 한국사회사학회, 2016

4. 궈모뤄와 조선의용대 | 한·중 연대를 기억하다

김주용, 「중국 언론에 비친 조선의용대 – 『救亡日報』, 『解放日報』의 기사를 중심으로 –」, 『사학연구』 104, 2011

유자명, 『한 학명자의 회억록』, 독립기념관 한국독립운동사연구소, 1999

염인호, 『조선의용대·조선의용군』, 한국독립운동사편찬위원회, 2009

"현대사 100년의 혈사와 통사 25화 최후까지 총을 든 조선의용대(군)", 《오마이뉴스》(2019. 2. 26.) [http://www.ohmynews.com/NWS_Web/View/at_pg.aspx?CNTN_CD=A0002514391](검색일 2022. 9. 23.)

""영웅도 태양도 없다"…우상 숭배 저항한 항일투쟁 혁명가 김학철", 《경향신문》(2022. 8. 18.) [https://m.khan.co.kr/culture/book/article/202208181843001#c2b](검색일 2022. 9. 17.)

『救亡日報』 1939년 2월 18일 자, 「朝鮮抗日高潮圖記」 『救亡日報』 1939년 3월 1일 자, 「三一運動第二十週年紀念日敬告中國同胞書」

『救亡日報』 1939년 3월 26일 자, 「本市各團體詩論壁報工作」

『救亡日報』1939년 3월 26일 자, 「朝鮮民族戰線聯盟的宣言」

『救亡日報』1939년 5월 1일 자, 「朝鮮義勇隊發表告 中國工友書」

『救亡日報』1939년 6월 22일 자, 「擴大敵人反戰運動强調對敵政治進攻」

『救亡日報』1939년 7월 4일 자, 「日本司兵聆此豈能無動於心 周世民對日廣播」

『救亡日報』1939년 7월 4일 자, 「朝鮮義勇隊七七公演」

『救亡日報』1939년 7월 8일 자, 「加强中韓聯合戰線」

『救亡日報』1940년 2월 4일 자, 「朝鮮義勇隊第三區隊工作的序幕」

『救亡日報』1940년 3월 9일 자, 「朝鮮義勇隊活躍江西北」

"郭沫若", 바이두백과(百度百科) [https://baike.baidu.com/item/%E9%83%AD%E6%B2
%AB%E8%8B%A5/119453](검색일 2022. 9. 22.)

5. 위빈 | 추기경, 교육가, 문화사업가, 민간외교의 기재

李霜青· 麥菁 主編, 『一代完人于斌樞機』, 臺北, 野聲, 1983

輔仁大學校史室 編, 『于斌樞機言論－續集』, 新莊, 輔仁大學, 2001

陳方中 編著, 『于斌樞機傳』, 臺北, 臺灣商務印書館, 2001

雷震遠 等著, 『于斌樞機和他的時代』, 臺北, 聞道出版社, 2021

6. 디아스포라 전병훈 | 동·서양 문명을 조제하다

全秉薰, 『精神哲學通編』, 北京, 精神哲學社, 1920

『全氏總譜總錄』, 「全成菴夫子實行隨錄」, 全氏大同宗約所, 1931

김성환, 『우주의 정오-서우 전병훈과 만나는 철학 그리고 문명의 시간』, 소나무, 2016

차태근, 『제국주의 담론과 동아시아 근대성』, 소명출판, 2021

7. 김억과 프랑스 상징주의 | 시와 개인에 대한 새로운 감각을 번역하다

구인모, 「베를렌느, 김억, 그리고 가와지 류코(川路柳虹)-金億의 베를렌느 詩 原典 比較 研究」, 『비교문학』 41, 한국비교문학회, 2007

구인모, 「한국 근대문학과 번역시집」, 『근대문학』 7, 국립중앙도서관, 2018

김병철, 『한국 근대번역 문학사연구』, 을유문화사, 1975

김욱동 외, 『김안서 연구』, 새문사, 1996

김욱동, 『근대의 세 번역가 서재필 · 최남선 · 김억』, 소명출판, 2010

김은전, 『金億의 프랑스 象徵主義 受容樣相』, 서울대학교 대학원 박사논문, 1984

김진희, 「김억의 번역론 연구 - 근대문학의 장(場)과 번역자의 과제」, 『한국시학연구』 28, 한국시학회, 2010

김진희, 「1920년대 번역시와 근대서정시의 원형 문제 - '님의 시학'과 번역의 역동성」, 『비평문학』 42, 한국비평문학회, 2011

정한모, 『한국현대시문학사』, 일지사, 1974

조재룡, 「한국 근대시와 프랑스 상징주의 시 사이의 상호교류 연구-번역을 통한 상호주 체성 연구를 중심으로-」, 『불어불문학연구』 60, 한국불어불문학회, 2004

8. 공공사상가 다나카 쇼조 | 동학을 만나다

고마쓰 히로시, 『참된 문명은 사람을 죽이지 아니하고』, 오니시 히데나오 옮김, 상추쌈, 2019

기타지마 기신, 「종교를 통한 영성과 평화의 구축: 수운 최제우의 종교사상을 중심으 로」, 『2020년 나주동학농민혁명 한일학술대회: 나주동학동민혁명 재조명과 세 계시민적 공공성 구축』, 2020

박맹수, 「녹두장군 전봉준과 다나카 쇼조의 공공적 삶」, 『생명의 눈으로 보는 동학』, 모 시는사람들, 2014

오니시 히데나오, 「다나카 쇼조와 최제우의 비교 연구」, 원광대학교 대학원 박사학위 논

문, 2018

조성환, 「문명의 두 얼굴: 후쿠자와 유키치와 다나카 쇼조의 문명론과 조선론을 중심으로」, 『한국종교』 51, 원광대학교 종교문제연구소, 2022

小松裕, 『田中正造の近代』, 現代企画室, 2001

1. 러시아 제독 푸탸틴 | 러시아, 아시아를 만나다

곽재식, 『곽재식의 아파트 생물학』, 북트리거, 2021

김영수, 「근대 러시아의 해양탐사와 울릉도·독도 발견-곤차로프의 여행기와 팔라다호의 항해기록을 중심으로」, 『독도연구』 22권, 영남대학교 독도연구소, 2017

이반 곤차로프, 『전함 팔라다』, 문준일 옮김, 동북아역사재단, 2014

이희복, 『요시다 쇼인』, 살림, 2019

최태강, 『동북아의 영토분쟁』, 한림대출판부, 2013

2. 야마가타 아리토모 | 일본 육군을 만들다

도베 료이치, 『역설의 군대』, 윤현명·이승혁 옮김, 소명출판, 2020

박영준, 「청일전쟁 이후 일본의 대외정책론, 1894~1904」, 『日本研究論叢』 27, 현대일본학회, 2008

방광석, 「일본의 근대입헌체제 수립과 서양체험」, 『사총』 92, 고려대학교 역사연구소, 2017

서승원, 『근현대 일본의 지정학적 상상력』, 고려대학교출판문화원, 2018

이근욱 외 6인, 『제국주의 유산과 동아시아』, 동북아역사재단, 2014

이승환, 「19세기 말, 일본의 지정학적 상상력과 국방전략에 대한 고찰」, 『인문사회 21』

13-1, 인문사회 21, 2022

한상일, 『이토 히로부미와 대한제국』, 까치글방, 2015

후지와라 아키라, 『일본군사사 (상)』, 서영식 옮김, 제이앤씨, 2012

伊藤之雄, 『山県有朋』, 文藝春秋, 2009

伊藤之雄, 『元老』, 中央公論新社, 2016

伊藤隆編, 『山県有朋と近大日本』, 吉川弘文館, 2008

井上寿一, 『山県有朋と明治国家』, NHK出版, 2010

大江志乃夫, 『天皇の軍隊』, 小学館, 1982

岡義武, 『山県有朋』, 岩波書店, 1958

藤村道生, 『山県有朋』, 吉川弘文館, 1961

3. 도리이 류조 | 한국 무당을 만나다

강인욱, 「조거용장(鳥居龍藏)으로 본 일제강점기 한국 선사시대에 대한 이해」, 『한국고
고학전국대회 발표문』 34, 2010

김현철, 「20세기 초기 무속조사의 의의와 한계 연구」, 『한국민속학』 42, 2005

전성곤, 『일본 인류학과 동아시아: 도리이 류조, 최남선, 이하 후유의 '제국의식'』, 한국
학술정보, 2009

최석영, 「일제의 동경제국대학 인류학교실의 창립과 운영」, 『한국사연구』 151, 2010

최우석, 「도리이 류조[鳥居龍藏]의 식민지 조선 조사와 일선동조론」, 『동북아역사논총』
53, 2016

山路勝彦, 『近代日本の海外学術調査』, 東京: 山川出版社, 2006

田畑久夫, 『民族学者 鳥居龍藏: アジア調査の軌跡』, 東京: 古今書院, 1997

前田速夫, 『鳥居龍藏: 日本人の起源を探る旅』, 東京: アーツアンドクラフツ, 2015

鳥居龍藏, 「朝鮮の巫人に就て」, 『東亜之光』 8/11, 1913

鳥居龍藏, 『日本周圍民族の原始宗敎: 神話宗敎の人種学的研究』, 東京: 岡書院, 1924

中薗英助, 『鳥居龍藏伝: アジアを走破した人類学者』, 東京: 岩波書店, 2005

橫井誠應 編, 『朝鮮文化の研究』, 東京: 佛敎朝鮮協會, 1922

4. 량치차오 | 중국의 지식인이 서양을 바라보다

Oswald Spengler, *Der Untergang des Abendlandes*, Umrisse einer Morphologie der
        Weltgeschichte, München: Beck, 1923

梁啓超, 「欧游心影录节录」, 『梁启超全集』, 北京: 北京出版社, 1999

5. 진위푸 | 트랜스-내셔널, 리저널(regional) 히스토리의 꿈

金毓黻著, 『静晤室日記』4, 遼沈書社, 1993

王春林, 「"君子待时而藏器": 伪满时期金毓黻的隐居治学」, 『抗日战争研究』, 2014年第4期,
        中国社会科学院

金景芳, 「金毓黻传略」, 『史学史研究』, 1986年第3期, 北京师范大学

孙玉良, 「金毓黻先生撰写《渤海国志长编》的始末」, 『社会科学战线』, 1988年第4期, 吉林省
        社会科学院

6. 루링 | 한국전쟁을 인도주의적 시선으로 바라보다

路翎, 『初雪』, 寧夏人民出版社, 1981

路翎, 『戰爭, 爲了和平』, 北京: 中國文聯出版公司, 1985

路翎, 『路翎作品新編』, 北京: 人民大學出版社, 2011

侯金鏡, 「評路翎的三篇小說」, 『文藝報』, 1954年6月第12號

洪子誠, 『中國當代文學史(修訂版)』, 北京: 北京大學出版社, 2011

陳曉明, 『中國當代文學主潮(第二版)』, 北京: 北京大學出版社, 2013

戴錦華, 「歷史敍事與話語: 十七年歷史題材影片二題」, 『北京電影學院學報』, 1991年第2期

7. 엘리자베스 키스 | 일제강점기 한국을 바라보는 시선

김지원, 「엘리자베스 키스의 작품에 재현된 일제강점기 조선 여성 이미지의 특성 연구」, 『인문과학연구논총』 40/1, 인문과학연구소, 2019

배리듬·김은정, 「서양화가에 의해 표현된 한국의 근대 복식문화-엘리자베스 키스 (Elizabeth Keith) 와 폴 자쿨레 (Paul Jacoulet) 의 작품을 중심으로」, 『한복문화』 24/2, 한복문화학회, 2021

박암종, 「엘리자베스 키츠의 한국 관련 일러스트레이션에 관한 연구: 그의 저작물을 중심으로」, 『Archives of Design Research』 21/5, 한국디자인학회, 2008

엘리자베스 키스, 『키스 동양의 창을 열다 영국 화가가 그린 아시아 1920~1940』, 송영달 역, 책과함께, 2012

엘리자베스 키스, 『영국화가 엘리자베스 키스의 올드 코리아』, 송영달 역, 책과함께, 2020

윤범모, 「일제하 서양인 화가의 서울방문과 작가활동」, 『한국근현대미술사학』 13, 한국근현대미술사학회, 2004

전동호, 「변방의 미술: 엘리자베스 키스의 동양 그리기」, 『미술사학』 40, 한국미술사교육학회, 2020

조수강, 「근대 일본 미술의 조선표상 – 엘리자베스 키스의 신판화 활동을 중심으로 –」, 『대한일어일문학회 학술대회 발표논문 요지집』, 대한일어일문학회, 2021

8. 쌍천 이영춘 | 농민 보건 향상에 힘쓴 농민의 성자

이영춘가옥 내부 게시자료

한국민족문화대백과 〈이영춘〉

강찬민, 『이 땅 농촌에 의술의 불을 밝힌 쌍천 이 영 춘 빛 가운데로 걸어가다』, 푸른사상사, 2007

동북아 인물전
동북아를 바꾼 만남과 발자취

초판 1쇄 인쇄 2023년 7월 3일
초판 1쇄 발행 2023년 7월 10일

기   획 원광대학교 한중관계연구원 동북아시아인문사회연구소
지 은 이 김주용 외 15인
발 행 인 한정희
발 행 처 경인문화사
편   집 김윤진 김지선 유지혜 한주연 이다빈
마 케 팅 전병관 하재일 유인순
출판번호 제406-1973-000003호
주   소 경기도 파주시 회동길 445-1 경인빌딩 B동 4층
전   화 031-955-9300   팩   스 031-955-9310
홈페이지 www.kyunginp.co.kr
이 메 일 kyungin@kyunginp.co.kr

ISBN 978-89-499-6727-1   03910
값 20,000원